ANGSTFREI LEBEN

Gabriela Vetter

Seele unter Eis

Ein Selbsthilfebuch
für depressive, Resignierte und
ihre Angehörigen

BASTEI
LÜBBE

BASTEI-LÜBBE-TASCHENBUCH
Band 67503

© 1989 by Oesch Verlag AG, Zürich
Lizenzausgabe im Bastei-Verlag Gustav H. Lübbe GmbH & Co.,
Bergisch Gladbach
Printed in Germany, Juni 1998
Einbandgestaltung: Heinz von Arx, Zürich
Satz: Siebel, Lindlar
Druck und Bindung: Ebner Ulm
ISBN 3-404-67503-7

Der Preis dieses Bandes versteht sich einschließlich
der gesetzlichen Mehrwertsteuer.

Dank

Ich danke meiner Mutter, die mich auch in dunklen Phasen während der Entstehung dieses Buches immer begleitet und beraten hat. Sie hat immer wieder Hoffnung geweckt. Ich danke Dr. Mathias Zimmermann für die vielen Impulse und Anregungen, die zur Entstehung dieses Buches wesentlich beigetragen haben. Ich danke meiner geistigen Führerin Gibou und Frau Barbara Bernath-Frei für ihre Begeisterungsfähigkeit und ihr Einfühlungsvermögen bei den Lektoratsarbeiten.

Inhaltsverzeichnis

Einführung

Sie haben dieses Buch in die Hand genommen, oder es ist zu Ihnen gekommen. Halten Sie einen Augenblick inne, bevor Sie darin weiterblättern.

Ich möchte Sie fragen:

- Worüber haben Sie sich heute schon gefreut?
- Worauf freuen Sie sich morgen?
- Kennen auch Sie die Situation der Niedergeschlagenheit, ohne zu wissen, warum Sie freudlos sind?
- Haben Sie sich schon überlegt, wie Ihr Alltag aussehen würde, wenn Ihr Partner, Ihre Tätigkeit, Angelegenheiten, die in Ihrem Leben sehr viel Raum einnehmen, wegfallen würden? Wie stände es um Ihren Lebenssinn?
- Welche Stimmung empfinden Sie, wenn Sie an Ihre Lebenssituation denken?
- Was fühlen Sie, wenn Sie an Ihre Zukunft denken?
- Haben Sie schon realisiert, wieviel Entmutigendes aus der Öffentlichkeit auf Sie einströmt? Sind Sie vom Resignationsvirus befallen, weil Sie denken, daß »es« halt einfach so ist? …

Genug der unbequemen Fragen. Legen Sie das Buch nicht weg. Ich möchte mit Ihnen eine kurze Wegstrecke zurücklegen, auf der wir uns mit Dingen auseinandersetzen, für die Ihnen in Ihrer Geschäftigkeit Zeit und Muße fehlen.

Obwohl der Weg auch steinig sein wird, wird die Saat Ihrer Gedanken auf fruchtbare Erde fallen: auf Ihre Eigenverantwortung. Sie sind verpflichtet, für Ihr Wohl zu sorgen.

1 Endogene Depression, was nun?

Endogen heißt wörtlich übersetzt innerlich entstanden. In der Psychiatrie werden damit Krankheitszustände bezeichnet, deren Ursache unbekannt, nicht zu klären ist.

Ich streite nicht ab, daß es Depressionszustände gibt, deren Ursache nicht geklärt werden kann. Hingegen stoße ich mich daran, daß der Begriff in der Praxis meist gleichgesetzt wird mit chronisch und unheilbar.

Es gibt viele Menschen, denen der Stempel »endogene Depression« aufgedrückt worden ist. Es sind beinahe ebenso viele, die nach der Diagnosemitteilung resignieren. Sie tun es stumm, unausgesprochen und denken dabei: »Ich muß mich damit abfinden.«

Das Anliegen dieses Buches besteht darin, aussichtslos erscheinende Situationen am Beispiel von Krankheitsgeschichten aufzuzeigen und sie aus psychotherapeutischer Sicht zu beleuchten. Es soll Ihnen erleichtern, das weitverbreitete Denken »Es ist nun mal so«, »Man muß zufrieden sein«, »Daran läßt sich nichts ändern«, »Mein Vater war schon so« neu zu programmieren. Es gibt nichts, was sich nicht ändern ließe, denn wir haben zu allem eine Einstellung. Manchmal sind wir uns dessen zuwenig bewußt. *Einstellung läßt sich immer ändern,* auch wenn eine Situation, ein Zustand, ein Trauma nicht ungeschehen gemacht werden können.

Der erste Buchteil handelt von Damaris. Ihr Erfahrungsbericht ist Hinweis dafür, daß wir uns von außen weder entmutigen noch krank machen lassen dürfen. Es werden Themen beschrieben, die Sie selbst betreffen können oder auch Menschen, die Ihnen nahestehen, die Sie manchmal schwer verstehen können.

Damaris ist eine Patientin, die mich in der Praxis aufsuchte, als sie 30 Jahre alt war. Sie steckte in einer akuten Krise, die durch den Abbruch einer Liebesbeziehung ausgelöst worden war. Ich begleitete Damaris während dreier Jahre als Gesprächstherapeutin. Das Hauptziel unseres gemeinsamen Weges bestand darin, daß sie lernte, sich *Selbsthilfe* zu vermitteln.

Um Ihnen die Lektüre des Tagebuches von Damaris zu erleichtern, gebe ich Ihnen die wichtigsten biographischen Daten (Namen sind geändert): Als drittes von fünf Kindern ist sie in Rifferswil geboren und aufgewachsen. Ihre Eltern leben in einem einfachen, idyllisch und romantisch gelegenen Einfamilienhaus. Das Heim ist umgeben von Wiesen und Wald, ein Paradies für Kinder. Sowohl die äußeren Lebensbedingungen als auch die Stimmung, die zwischen den Eltern und in der Familie herrschten, waren ideale Voraussetzung für eine unbeschwerte und glückliche Kindheit. Damaris erlebte in ihren ersten zwanzig Jahren keine Schicksalsschläge wie Tod, Krankheit oder Familienzwist. Trotz dieser Bedingungen war sie im Vorschulalter von Angstzuständen und Schwermut geplagt, welche sich dermaßen verstärkten, daß sie als Fünfzehnjährige regelmäßig psychiatrisch behandelt werden mußte und unter Psychopharmaka stand. Zu den Schulängsten, die schon im Kindesalter in Selbstmordplänen gipfelten, gesellte sich das Stigma der endogenen Depression. Als Achtzehn- und als Zwanzigjährige wurde sie psychiatrisch hospitalisiert. Trotz Angstzuständen konnte sie ein Studium abschließen, doch verlor sie durch den psychischen Druck, der die Hochschule für sie bedeutete, ihre körperliche Gesundheit. Die medizinischen und psychiatrischen Prognosen waren schlecht.

Als Damaris mich konsultierte, hatte sie ihr Berufsziel, das sie sich ersehnt und gesetzt hatte, wohl erreicht. Sie selbst war aber erschöpft (reaktiv depressiv), weil sie mit ihrer Energie (noch) nicht umgehen konnte. Sie war verzweifelt, weil eine Liebesbeziehung in Brüche gegangen war.

Vor drei Jahren haben wir die Behandlung abgeschlossen. Heute fühlt sich Damaris erfüllt. Im Augenblick lebt sie intensiv und, wie sie sagt, voller Lebenslust. In dunklen Phasen kann sie sich selbst helfen. Im folgenden erzählt Damaris aus dem Tagebuch verschiedene Epochen ihres Lebens, die für sie prägend waren.

Im Anschluß an die einzelnen Episoden werden Ihnen psychotherapeutische Sichtweisen aufgezeigt, die Sie veranlassen können, sich über Eigenverantwortung und subtile, negative Manipulation bewußter zu werden.

Die darauf folgenden Fallgeschichten wollen Sie ermutigen – falls Sie seelisch belastet sind –, die Brücke zwischen Unwohlsein und gezielter Selbsthilfe zu überschreiten, den Weg über die Psychotherapie zu wählen.

Stellen Sie sich etwas vor, was Sie ändern möchten. Sie spüren gleichzeitig, daß der Zeitpunkt zur Veränderung noch nicht gereift ist. Dies hat zur Folge, daß Sie immer wieder davon sprechen. Je mehr Sie davon reden, desto näher kommen Sie der Veränderung, bzw. desto tiefer dringt die Angelegenheit in Sie ein. Durch das Wiederholen vollzieht sich ein Reifungsprozeß. Das ist die Begründung für meine Wiederholungen, auf die Sie bei der Lektüre stoßen werden. Sie sollen verhindern, daß Sie den Text überfliegen oder sich wieder ablenken, sobald ein Thema unangenehm wird…

Im ganzen Buch sind Selbsthilfeübungen eingeblendet, die aus den diskutierten Themen hervorgehen. Die Anleitung zu diesen Übungen finden Sie im Anhang.

Lassen Sie sich nicht irritieren, falls Sie sich am Anfang bei den Übungen merkwürdig oder sogar fremd vorkommen; auch eine paradoxe Reaktion, d. h. Nervosität anstelle von Ruhe, kann zu Beginn auftreten. Üben Sie trotzdem weiter – mit der Zeit werden diese Störungen von alleine wegfallen.

Wer nicht riskiert, gewinnt nicht

Damaris schildert in ihrem Tagebuch, wie sie sich ihre Freiheit nicht durch sich selbst hat rauben lassen, indem sie sich an ihre Ängste auslieferte. Während vieler Jahre fühlte sie sich Ängsten, Schwermut, Lehrern, Ärzten, schulischer Leistung ausgeliefert, bis sie sich nicht mehr durch ärztliche Diagnosen und Prognosen beirren ließ. Aus dieser Zeit schildert sie:

»Während meiner Studienzeit habe ich auf Reisen erlebt, daß ich nach längerer Bewußtlosigkeit im Krankenhaus aufwachte.

War ich verunfallt? Ich konnte mich an nichts erinnern, wußte nicht, wer ich war und wo ich mich befand. Ich war total verzweifelt, weil ich nur die Krankenhauswände oder den Ambulanzwagen wahrnehmen konnte. Mein Körper zuckte und verursachte stechende Schmerzen.

Es dauerte ungefähr eine Stunde, bis ich mich an den Zeitpunkt vor meiner Ohnmacht erinnern konnte.

Ich litt an Anfällen, welche Gedächtnislücken in meinem Bewußtsein zurückließen, so daß ich nach dem Erwachen in Todespanik geriet, denn ich wußte nicht, ob ich von einem Auto angefahren worden war oder was sich zugetragen hatte.

Man sagte mir von ärztlicher Seite, daß ›es‹ unheilbar sei, unheilbar wie die endogene Depression, an der ich seit meiner Kindheit litt. Das bedeutete, daß ich nebst den Antidepressiva jährlich 1095 Neuroleptikatabletten zu schlucken hatte. Die Anfälle traten trotzdem auf. Als Nebenwirkung der Medikamente war ich ständig gedämpft. Meinem Temperament wurden damit Zügel angelegt. Eine Kollegin sagte zu mir: ›Du bist so antriebslos, am liebsten würde ich dir eine Rakete unterstecken.‹ Wie habe ich mich geschämt! Ich war Gefangene meiner körperlichen Ungeschicktheit, von meinen Hemmungen nicht zu sprechen. Zusätzlich wurde ich jetzt von Medikamenten gedämpft.

Als ich einmal an der Uni bewußtlos zusammenbrach, wurde ich von Schamgefühl dermaßen aufgerüttelt, daß ich so nicht mehr weiterleben wollte. Ich hatte nicht einmal mehr den Mut, alleine spazierenzugehen, denn trotz der Medikamente traten ja die Anfälle auf. Taten sie das, wenn ich allein war, dann irrte ich umher. Die Angst, mich an Orten allein aufzuhalten, wurde je länger, desto einengender. Ich befürchtete, mich in Lebensgefahr zu begeben, ohne mir dessen bewußt zu sein. Ich stellte mir Situationen in der freien Natur vor, wo mich niemand finden würde …

Was tun?

Ich wollte etwas erleben, was mein Vertrauen in meinen Körper wecken sollte. Ich wollte nicht Gefangene meiner Angst bleiben.

So setzte ich nach sieben Jahren die Medikamente ab und begab mich mit einer Expeditionsgruppe ins Himalajagebirge. Schon auf der Reise bereute ich meinen Entschluß, denn meine Angst packte mich. Wäre ich doch daheim geblieben! Vier Wochen lebte ich unter freiem Himmel, weitab von ärztlicher Hilfe. Die Umgebung war von Schlangen und Bären besiedelt. Wanderungen auf Höhen bis 4000 m waren für meinen Körper und vor allem für meine Psyche eine Herausforderung.

Ich bin unversehrt und befreit von meiner Todesangst zurückgekehrt, denn der Körper hat nichts mit mir gemacht, was ich nicht unter Kontrolle hatte. Ich war glücklich und von einem mir bis dahin unbekannten Vertrauen in meinen Körper erfüllt.

Diese Erfahrung hat zur Folge, daß ich, wenn ich müde, niedergeschlagen oder kraftlos bin, in der Natur immer Energie finde. Ich öffne mich für die Wärme der Sonne, die Frische des Regens, die Ruhe des nächtlichen Sternenhimmels … Ich fühle mich in der Natur wie eingebettet, seit mich diese Angst nicht mehr hat. So kam es für mich zu einem mystischen Erlebnis im Wald: *all-ein, nicht einsam.*

Es war eisig kalt. Tiefer Schnee lag. Warm eingemummt stapfte ich durch das lichte, reine, lockere Weiß, welches unter meinen Füßen knirschte. Ein Geräusch, das ich besonders liebe, weil es mich an Winternächte aus meiner Kindheit erinnert, in welchen wir Geschwister bei klirrender Kälte Schlitten fuhren. Unsere Mutter erwartete uns müde und durchfrorene Kinder mit heißem Glühwein …

Ich betrat den Wald und kam zu einer Lichtung, die überdacht war von jahrzehntealten Buchen, Eichen und Fichten. Ich *hörte* die absolute *Stille* zum ersten Mal, wie ich sie nicht einmal im Himalaja oder in der Sahara erlebt hatte, obwohl die *äußeren* Umstände eher Veranlassung geboten hätten. Ich war damals für sie nicht offen genug gewesen. Auf dem blendenden Weiß des Schnees lagen Millionen glitzernder Diamanten, und über mir hing das schwere, gewölbte Dach der fein verästelten Baumkronen ...

Ich lehnte mich gegen den dicken, glatten Stamm einer uralten Buche. Wie oft hat sie den Jahreszyklus durchlaufen? Welch ein Energiespeicher muß sie sein angesichts des Sprießens der Blätter im Frühjahr, des zartseidengrünen Laubdaches des Sommers, des Farbenwechsels im Herbst und des an Filigran erinnernden, kahlen Riesen im Winter ... Eine große Ruhe breitete sich über mich. Ich konnte anlehnen ohne zu fürchten, der Halt könnte weichen wie eine menschliche Schulter ...

Ich bin bereit. Bereit wozu?

Ich bin bereit für das Leben und den Tod; bin für alles offen. Ich wurde mir klar darüber, daß ich allmählich loslassen lernte, daß ich mich weniger an das Stecken äußerer Ziele klammerte, welche mir Genugtuung verliehen, Ziele wie schulische Leistungen oder zu allen immer lieb zu sein. Ich glaubte, meine beruflichen Angelegenheiten seien geordnet, glaubte, daß ich nichts Ungelöstes zurückließ, nichts an mich Gebundenes, wofür ich mich verantwortlich hielt.

Ich war von einer Ruhe erfüllt wie nie zuvor, weil ich mich nicht unter das Joch meiner Forderungen und Ängste beugte. Bis zu diesem Ereignis hatte ich mich regelmäßig nach einer überwundenen Schwierigkeit oder dem Erreichen eines Ziels unter neuen Druck gesetzt. Ich konnte die natürliche Brachzeit des Winters, das Nichts bzw. Nichts-Produktives-Tun, nicht zulassen. Mir wurde erst jetzt richtig bewußt, daß ich mein eigener Sklaventreiber gewesen war und mich nur durch die Hilfe anderer Menschen oder Krankheiten kurzfristig von diesem Druck hatte entlasten können. Jetzt war ich durch die hörbare, absolute Stille der Natur an einem Punkt der Leere aller offenstehenden Möglichkeiten angelangt.

Ich nehme an, daß die Bereitschaft an das Leben diejenige an den Tod überwog, denn ich begann mich zu freuen, daß ich lebte – im Gegensatz zu einer Zeit, die ich in einer psychiatrischen Klinik verbracht hatte. Damals war ich von einem einzigen Gedanken beherrscht, der Pflicht, sterben zu müssen, weil meine Existenz eine Zumutung sei. Jetzt hingegen war mir, als stände ein Tor offen vor mir:

Ein Neuanfang stand mir bevor, der sowohl sterben als auch leben bedeuten konnte. Er war verbunden mit Klarheit und Reinheit. Diese spiegelten sich in der klaren, gläsernen, weißen Stille der Natur.

Glück und Schmerz, Zukunft im Weiß und das Nichts, der Tod in der Kälte, berührten sich. Kälte bedeutete, daß ich mir bewußt wurde, daß meine Ungebundenheit mit ihrer ganzen Tragweite von Freiheit und Faszination auch von Einsamkeit begleitet war.

Beziehungen, Geliebte, Beruf, Erfolg, Anerkennung, Gesundheit, Materielles können verlorengehen.

Das Erwachen des Tages;
die Farbspiele des Lichtes während 24 Stunden;
das Eindämmern der Nacht;
der strahlende Sternenhimmel;
das erfrischende Rauschen des Regens;
der einhüllende, sanfte Mantel Nebel;
die liebkosende Wärme der ersten Frühlingssonne;
der Geruch aufbrechender Erde;
der Duft von Blumen, blühenden Linden;
das beruhigende Murmeln eines Baches;
das herausfordernde Tosen eines Wasserfalles;
das federleichte Wirbeln von Schneeflocken:

Dies alles bleibt mir erhalten, weil ich es mir durch meine Angst nicht habe nehmen lassen, ich es allein in der unberührten Natur genießen kann.«

Psychotherapeutische Betrachtung und Leitfäden

Die Bewußtlosigkeitszustände von Damaris sind typisches Beispiel für psychosomatische Störungen, wie sie in unserer Zeit gehäufter auftreten. Sich nachts schlaflos wälzen, aufwachen in der Nacht, weil das Herz rast, stechende Herzschmerzen bei der Arbeit, das Gefühl zu ersticken, Magen- oder Darmstörungen, die nicht aufhören wollen, sind Symptome, wie sie mir täglich in der Praxis geschildert werden. Sie schränken nicht nur den Lebensraum stark ein, sondern nehmen vielen Lebens-

freude. Ich denke dabei an Krankheitsphobien, die übersteigerte Angst, krank zu sein, und an Platzängste. Beides sind Zustände, die durch eine äußere Situation ausgelöst werden, deren eigentliche Ursache aber viel tiefer liegt. Ich erwähne zur Erläuterung zwei alltägliche Beispiele: Ein Manager, der erfolgreich ist, leidet plötzlich an neurovegetativen Herzbeschwerden. Dies zeigt sich darin, daß er sich nicht mehr in öffentliche Verkehrsmittel getraut, sich unter vielen Menschen nicht mehr wohl fühlt, weil er das Gefühl hat, sterben zu müssen. Er steht in der Straßenbahn, glaubt zu ersticken und drängt bei der nächsten Haltestelle hinaus. Er weiß nicht, was mit ihm vorgeht. Er sucht nach einer Lösung, steckt sogar sein Arbeitspensum zurück und findet trotzdem keine Linderung. Er hat das Unkraut wohl ab-, jedoch die Wurzeln nicht ausgerissen. Er hat sich mit der Bedeutung seines Erfolgs, welcher eventuell Kompensation bedeutet, nicht auseinandergesetzt. Nehmen wir an, es handle sich wirklich um Kompensation, dann leistet er so viel, daß alles Gefühlsmäßige verdrängt wird oder zumindest zu kurz kommt und der Körper überfordert wird. Das seelische Manko bleibt tief unbewußt, aber der Körper zeigt Symptome wie Herzstörungen. Der Betroffene konzentriert sich nur auf das körperliche Unbehagen.

Ein zweites Beispiel: Eine Frau leidet unter der lähmenden Angst, krebskrank zu sein. Auslöser der Angst ist Literatur, die sie in diesem Zusammenhang verschlingt. Sie identifiziert sich mit Leidensgeschichten krebskranker Frauen. Sie lenkt damit von sich ab, denn sie steht in einer für sie aussichtslosen Lebenssituation. Sie ist von etwas dermaßen bedrückt, daß sie es nicht aussprechen kann. Sie »flüchtet« sich in die Vorstellung, krank zu sein.

Wie solchen Ängsten begegnen?

Eine Möglichkeit besteht darin, daß Sie Phantasien darüber zulassen, was Ihnen schlimmstenfalls zustoßen könnte. Nach dem Ausschweifen in die Phantasie, was Ihnen inmitten von Kinobesuchern z. B. geschehen könnte, folgt eine Auseinandersetzung mit dem seelischen Unruheherd, d. h. der Entstehung der Angst. Dies erfordert in den meisten Fällen psychotherapeutische Gespräche. Zusätzlich besteht die Möglichkeit, mit individuellen Entspannungsübungen, wie sie in diesem Buch enthalten sind, selbst mitzuhelfen.

Damaris äußert sich über ihr Erleben der Natur. Sie schildert, was diese ihr vermitteln kann. In diesem Buch wird oft von Analogien aus der Natur Gebrauch gemacht. Einerseits weil wir als Teil der Natur ihren Gesetzmäßigkeiten unterworfen sind, andererseits weil die Natur uns als Energiespender offensteht. Sie sitzen an einem stillen Wasser und werden dabei ruhig. Sie gehen in einer unberührten Gegend spazieren und werden innerlich gelöst. Sie hören während der Sommermonate am frühen Morgen als erstes Vogelgezwitscher, und Ihre Stimmung hellt sich dabei auf... Wir sind uns dieser Energiequellen zuwenig bewußt und lassen Möglichkeiten ungenutzt. Wenn wir uns mit der Natur vermehrt in Beziehung setzen, laufen wir auch weniger Gefahr, um unseren eigenen Nabel zu kreisen. Dieses Bezugnehmen kann uns aus mitleidiger Selbstbespiegelung herausreißen. Es ermöglicht uns zu relativieren. Natur verleiht innere Distanz in Problemsituationen. Sie ist reinigend und harmonisierend. Sie kann verlorenes Gleichgewicht wieder herstellen, welches aus falschen Absolutheitsansprüchen in Beruf, Partnerschaft oder Familie abhanden kommt. Stellen Sie sich wieder einen Spaziergang mit Ihrem Partner vor, nachdem Sie lange miteinander in Spannung gewesen waren. Wem ist die befreiende Wirkung unbekannt? Durch die Bereitschaft, uns für die Natur bewußter zu öffnen, machen wir uns freier. Wir sind weniger darauf angewiesen, von einem Menschen aus dem Kreisen um die eigene Achse herausgerissen zu werden oder uns in die äußere Zuwendung eines Partners zu flüchten.

Das Faßbarste, Konkreteste, was wir an uns als Natur wahrnehmen, ist unser Körper. Folgende Überlegung soll verdeutlichen, wie lieblos und uneinfühlsam wir mit ihm umgehen: Wir haben es zur Gewohnheit werden lassen, daß wir seine Nahrungs- und Erholungsbedürfnisse übergehen, nicht ernst nehmen. Wir richten Schlaf und Essen nach äußeren Umständen wie der Uhr. Eine Maschine setzt aus, wenn der Treibstoff fehlt, was uns allen logisch erscheint. Rebelliert hingegen der Körper, wenn er zu kurz kommt, wenn seine Bedürfnisse nicht respektiert werden, reagieren wir unwillig oder unwirsch…

Übung I

Die praktische Anleitung zu diesen Übungen finden Sie im Anhang. Was hier gilt, gilt auch für alle folgenden Übungen: Stellen Sie sich pro Übung nur eine der untenstehenden Fragen. Lassen Sie sich Zeit, sich mit der jeweiligen Thematik auseinanderzusetzen, und führen Sie über die Gedanken, die Ihnen dabei aufsteigen, Tagebuch.

Thematik: Falls Sie unter einer Angst leiden, der Sie sich ausgeliefert fühlen, lesen Sie den untenstehenden Text in körperlich und geistig entspanntem Zustand durch. Die Übung ist für das Beispiel des Lampenfiebers zusammengestellt. Übertragen Sie sie auf Ihre Angstsituation. Spüren Sie heraus, ob es Ihnen gelingt, sich auf den Text einzulassen und dabei innerlich ruhig zu bleiben. Sollten Sie sich aufgewühlt und ratlos fühlen, wäre es ratsam, wenn Sie eine Fachperson aufsuchen würden, die Ihnen zeigen kann, wie Sie sich mittels Entspannungs- und Suggestionsübungen helfen können.

Stellen Sie sich beim praktischen Durchführen der Übung nicht mehr als eine Frage aufs Mal, und wählen Sie sich Ihre Sätze aus untenstehendem Text.

»Meine Ruhe wird immer tiefer ...
Ich fühle mich in meinem Körper wohl und geborgen ...
Ich fühle mich ruhig und entspannt ...
Ich sehe und erlebe eine Situation, in der ich Angst habe ... (Lampenfieber bei öffentlichem Reden)

Ich bleibe trotzdem ganz ruhig und locker…
Wovor habe ich Angst?…
Was kann mir schlimmstenfalls zustoßen?…
(Stimme versagt)
Was sind die Konsequenzen?… (Fühle mich blamiert)
Warum hat dies solche Bedeutung?… (Fühle mich ab-
gelehnt)
Wie kann ich meine Einstellung dazu ändern?…
Ich bin ganz ruhig und entspannt…

Woher kommt meine Angst, bzw. wann hat sie begon-
nen?…
Bezieht sie sich auf Erfahrungen mit der Umwelt?…
Bezieht sie sich vordergründig auf meinen Körper?…
Bezieht sie sich auf etwas Unfaßbares in mir?…
Ich bleibe ganz ruhig und gelöst…

Ich spüre, wie meine Auseinandersetzung das *Bedroh-
liche* der Angst nimmt…
Es gelingt mir, mich innerlich zu lösen…
Ich bin mir bewußt, daß ich Geduld brauche, um zuver-
sichtlich zu werden…
Ich spüre Energie dazu in mir…
Ich spüre die Möglichkeiten, die mir meine Energie
gibt…
Ich fühle mich in mir geborgen…
Ich bin ruhig und zuversichtlich…«

Übung II

Thematik: Wie bewußt sind Sie sich Ihrer fünf Sinne: Sehen, Hören, Tasten, Schmecken, Riechen? Schöpfen Sie Möglichkeiten aus, die uns der Geruchssinn zu vermehrtem Wohlbefinden vermittelt? Kennen Sie zum Beispiel den Duft in einem Tannenwald oder das Unbehagen, das Sie in einem schlecht gelüfteten Raum empfinden?

Sie werden sich bewußter, daß Sie ein Teil der Natur sind, aus ihr Energie beziehen und diese in Fluß bringen können. Sie lernen sich dafür zu öffnen und sie aufzunehmen. (Schon die alten Germanen haben sich, bevor sie ins Schlachtfeld gingen, an den Stämmen der Eichen aufgeladen.)

»Meine Ruhe wird immer tiefer ...
Ich stelle mir eine Situation in der Natur vor ...
Ich spaziere dem eigenwilligen Lauf eines Bächleins entlang ...
Ich *höre* das Plätschern und Gurgeln des Wassers ...
Ich höre Vogelgezwitscher und das Zirpen von Grillen ...
Ich *sehe* am Ufer Weidenstrünke ...
Ich sehe Libellen, Bienen und Schmetterlinge ...
Ich *atme* den Duft von Fichtennadeln, Waldmeister, Minze und den herben Geruch von Gräsern ein ...
Ich *spüre* die sanfte Wärme der Sonne auf der nackten Haut ...

Ich setze mich auf einen sonnendurchwärmten Stein ...
Ich erlebe Lockerheit und Wohligkeit im Körper ...
Ich fühle mich körperlich entspannt und innerlich
ruhig ...
Meine Poren öffnen sich für die wahrgenommene Energie aus der Natur ...
Ich stelle mir den Energiefluß in einer hohen, alten
Buche vor ...
Ich fühle mich in diese Energie eingebettet ...
Ich erlebe mich als Teil von ihr ...
Ich fühle mich dadurch geborgen und sicher ...
Ich ruhe in mir selbst ...
Ich fühle mich stark und zuversichtlich ...«

Pro memoria

Wenn Sie im Sinne haben, mit dem Gedankenmaterial,
das Ihnen in den Übungen dieses Buches vermittelt
wird, zu arbeiten, möchte ich Sie auf folgendes hinweisen:

– Notieren Sie sich während der Lektüre, mit welchen
  Themen Sie sich intensiver befassen wollen.
– Es kann für Sie hilfreich sein, sich einen Arbeitsplan
  zusammenzustellen. Es ist jedoch nicht die Meinung,
  daß Sie sich damit unter Druck setzen, denn psychische Prozesse lassen sich nicht terminieren, weil sie
  individuell sind. Mit der Idee des Planes soll verhindert werden, daß Sie den Ball verlieren. Seelisches
  Unbehagen bleibt oft auch unverändert, weil wir kei-

nen konkreten Ansatzpunkt finden können, auf dem wir aufbauen.

- Vergessen Sie nicht: Verzichten Sie auf *werten* (sich verurteilen) und *absolutes Denken,* d. h., relativieren Sie. Denken Sie zum Beispiel: »Ich bin froh, daß ich mir meines unterwürfigen Verhaltens bewußt geworden bin«, anstatt sich zu ärgern, weil Sie Ihr Verhalten hündisch finden. Mit dem Sich-auf-die-Nerven-Gehen empfinden Sie negativ und verdrängen erneut.
- Nicht ein Wolkenbruch, sondern steter Tropfen höhlt den Stein.

Anerworben? (Was tun, wenn sich die Ursache seelischer Störung nicht finden läßt?)

Während unserer Gespräche litt Damaris monatelang an Schlaflosigkeit, die mit Todesängsten verbunden war. Damaris hatte Angst, nicht mehr aufzuwachen. In diesem Zusammenhang schilderte sie mir aus der Anfangszeit ihrer endogenen Depression:

»Meine ersten Grenzsituationen, an welche ich mich erinnern kann, reichen in das Vorschulalter zurück. Nachts, wenn meine Eltern und Geschwister schliefen, lag ich wach. Mir war unheimlich. Etwas diffus Bedrohliches kam auf mich zu. Es war nicht Angst vor Einbrechern, vor wilden Tieren, bösen Männern oder andern Schreckensbildern, wie sie Kinder oft quälen.

Ich bin in einem warmen, herzlichen Elternhaus aufgewachsen, in welchem nicht gedroht wurde. Meine Eltern waren nicht mißtrauisch, ganz im Gegenteil; die Atmosphäre war geprägt von Offenheit und Gastfreundschaft. Viele Leute gingen bei uns ein und aus. Mein Elternhaus war eine Oase für viele Menschen.

Es war eine dunkle Macht oder Kraft, die überhand nahm, die sich in jenen Kindernächten über mich und in mir ausbreitete. Leise schlich ich aus dem Bett, welches für mich der Ort größter Bedrohung war. Es war für mich *der* Ort des Ausgeliefertseins. Lautlos durchwanderte ich das Haus. Ich war hellwach.

In der Erinnerung sehe ich das Bild vor mir, wie ich auf der Treppe sitze, verzweifelt bin und auf etwas warte, mir nicht vorstellen kann, daß Zeit verrinnen, ich weiterleben könne. Die Angst hatte mich in ihren Klauen. Sie hatte mich, nicht ich sie.

Wenn ich doch zu müde geworden, durchfroren und erschöpft war, kroch ich zu meiner Schwester ins Bett.

Damals begann in mir ein Samen für etwas zu keimen, was ich fünfzehn Jahre später während eines Aufenthaltes in einer psychiatrischen Klinik – oder eher noch während der Monate vor der Hospitalisation – erlebte: eine destruktive Kraft, der ich mich ausgeliefert fühlte, gegen die es für mich kein Wehren, kein Entrinnen gab. Kommentare darüber von Psychiatern und Psychologen haben diese Hilflosigkeit in mir verstärkt.

In den Augen Erwachsener mag dieses frühkindliche Erleben keine Grenzsituation sein. Für mich bedeutete es jedesmal Todesangst und Todeskonfrontation. Als Kind war es mir in diesem Augenblick nicht möglich zu relativieren. Ich konnte nicht an ein Morgen glauben. Ich spürte nur Gegenwart. Ohne Überlegungen über den Tod anzustellen, wußte ich, daß ich die Nacht nicht überleben würde. Diese Nächte bedeuteten undurchschaubare, abgrundtiefe Verlassenheit, Verlorenheit und Einsamkeit. Ich stürzte – bildlich gesprochen – ins Bodenlose.

Im Widerspruch zu dieser Angst vor der nächtlichen Dunkelheit mied ich tagsüber Helligkeit. Ich nistete mich in kleine, dunkle Höhlen, sei es in einen Schrank, in ein Gebüsch, unter einen Baum oder in dichte Baumkronen. Je kleiner und dunkler der Ort war, desto geborgener, sicherer fühlte ich mich. Es ist wohl widersprüchlich, was die Lichtverhältnisse betrifft, doch logisch war die Suche nach Geborgenheit und Sicherheit.

Jahre später, als ich erwachsen war und über diese schlaflosen Nächte sprechen konnte, erfuhr ich von meiner Mutter, daß sie selbst zu jener Zeit von Todesängsten geplagt war, daß sie das Gefühl quälte, als junge Frau sterben zu müssen. ›Etwas‹ in ihr drängte …

Hatte ich ihre Verzweiflung, ihr Gefühl der Ohnmacht, des Ausgeliefertseins, ihre innere Heimatlosigkeit übernommen?

Hatte ich ihre Angst gespürt, obwohl sie uns Kindern in ihrem äußern Verhalten keinen Anlaß dazu bot? Wie viele, die von Ängsten geplagt werden, war sie bemüht, sich nichts anmerken zu lassen. Sie gab sich fröhlich, auch wenn sie innerlich weinte. Ich erlebte sie weder gereizt, ruhelos noch gehässig, sondern einfühlsam und verständnisvoll.

Nahm ich das unausgesprochen Bedrohliche, das meine Mutter quälte, auf?

War dies die Ursache meiner diffusen Ängste in der Nacht?«

Psychotherapeutische Betrachtung und Leitfäden

Kennen Sie schlaflose Nächte, in denen Sie die stündlichen Glockenschläge zählen? Mit fortschreitender Nacht werden Sie unruhiger, manchmal ist Ihnen sogar unheimlich, besonders dann, wenn sich körperliche Schmerzen einstellen. Nächtliche Unruhe (Zähneknirschen, Stöhnen oder Sprechen im Schlaf) zeigt sich bei vielen Menschen. Die Betroffenen wissen meist nicht, woher die Schlaflosigkeit oder Ruhelosigkeit kommt. Sie fliehen vor sich selbst, vor ihrer Lebenssituation, in der sie etwas ändern sollten. Der Schlaflose oder Kranke flieht ebenso unbewußt vor seiner Lebensproblematik, fühlt sich ebenso rat- und hilflos, wie es Damaris als kleines Mädchen erlebte. Wäre sich der Ruhelose seiner Getriebenheit und vor allem deren Bedeutung bewußt, müßte es nicht, wie es so oft geschieht, zu körperlicher Krankheit kommen. Auch diese »genügt« oft nicht. Viele drängen wenige Wochen nach schwerster Krankheit in einen unveränderten Alltag zurück.

Je stärker in den unbewußten Bereich verdrängt wird, desto wahrscheinlicher werden Schlaflosigkeit und danach eine organische Krankheit eintreten. Dem Alarmsignal der Seele ist keine oder zuwenig Beachtung geschenkt worden. Im Vergleich zu einer »nur« psychosomatischen Störung ist die Wurzel des psychischen Leidens bei organisch Erkrankten noch tiefer ins Unbewußte verdrängt. Nierensteine, die entfernt werden müssen, gelten als echte Krankheit. Nierenkoliken können als nur nervlich bedingt bezeichnet werden. Weshalb die Steine entstehen mußten, fragen sich wenige. Das faßbare Übel beruhigt, die Steine werden entfernt, die Ursache bleibt erhalten.

Durch psychosomatische Störung kann ein Organ dermaßen gereizt und geschwächt werden, daß es zur organischen Krankheit kommt. Viele Krankheiten haben als Vorläufer nervliche Beschwerden, die allgemein zuwenig ernst genommen werden.

Damaris spricht von den Klauen und dem Diffusen ihrer Ängste. Das schlimmste an Ängsten ist deren Vernunftwidrigkeit und das Gefühl des Ausgeliefertseins. Wie verhalten Sie sich, wenn Sie sich verloren, allein, ausgeliefert fühlen? Sprechen Sie so zu sich, wie Sie mit einem Menschen sprechen würden, den Sie lieben und der sich in seiner Trostlosigkeit an Sie wendet? Oder lenken Sie sich zum Beispiel durch eine Sucht (Essen, Trinken, Fernsehen) oder Tätigkeit ab?

Damaris suchte verzweifelt, ohne sich dessen bewußt zu sein, außerhalb ihrer selbst nach Geborgenheit. Es handelt sich um eine Geborgenheit, welche bei Kindern durch erwachsene Bezugspersonen gesät werden muß, für die jedoch der Erwachsene selbstverantwortlich ist. Das Gefühl von Heimat ist nicht in erster Linie an einen Ort oder Menschen gebunden, sondern in uns selbst zu suchen. Es ist mangelndes Bewußtsein, wenn wir es außerhalb, bei einem Partner, in einer Tätigkeit oder Aufgabe, suchen.

Ähnlich wie die Mutter von Damaris verhalten sich viele, die durch etwas bedrückt sind: Obwohl wir die befreiende Erfahrung gemacht haben, daß wir uns wie erlöst fühlen, wenn wir »es« beim Namen genannt haben, verfallen wir immer wieder in den Fehler des Schweigens. Wir glauben sogar, unsere Umgebung auf diese Weise zu schonen. In Wirklichkeit entstehen daraus verhängnisvolle Mißverständnisse. Sie sind aus einem Grund bedrückt, sagen dem Partner nichts davon. Dies kostet Sie so viel Energie, daß Sie gereizt reagieren. Ihr Partner bezieht Ihre negative Stimmung auf sich. Die Häufung solcher Situationen kann zum Bruch einer Beziehung führen.

Die Einsamkeit, die durch die Mutter auf Damaris übertragen worden ist, kann nicht ungeschehen gemacht werden. Mit dem Bewußtwerden kann die Tochter jedoch lernen, damit umzugehen. Was in der Kindheit geprägt wird, ist zu ändern, wenn man genügend Bereitschaft besitzt, sich damit auseinanderzusetzen. Viele Charakterzüge gelten als vererbt und damit als unveränderbar. In Wirklichkeit geht es darum, sich bewußt zu werden, *daß Stimmungen und daraus resultierendes Verhalten bzw. Einstellungen und Lebensweisen von Vorbildern übernommen worden sind. Durch dieses Erkennen und Bewußtwerden kann viel Belastendes abgelegt werden. Viele Eltern überfordern unbewußt sich selbst, dadurch auch ihre Kinder, von denen sie das gleiche Verhalten erwarten. Sie glauben, über einer Sache stehen, zum Beispiel mit einer Angelegenheit allein fertig werden zu müssen. Sie leben in der festen Überzeugung, das Beste für ihr Kind zu tun. Dadurch stehen sie über dem statt im Leben. Auf diesem Wege werden krankmachende, meist zu hohe Ansprüche von Generation zu Generation weitervermittelt. Als Folge werden Bedürfnisse, Wut und Gefühle unterdrückt. Dies führt zu Stau. Ich sage meinem Freund nicht, daß ich gern ins Konzert ginge. Allein gehe ich nicht hin. Da ich Musik sehr liebe, macht mich das Fernbleiben traurig. Ich sage nichts, bin aber oft freudlos. Mein Freund interpretiert meine Niedergeschlagenheit als Laune und wird gereizt. Sowohl er als auch ich werden zusehends wortkarger. Des Spähens müde geworden, sind seine Gefühle erkaltet. Überdruß steigt auf…*

Was tun, wenn die Ursache seelischer Störung nicht offensichtlich ist, war die Ausgangsfrage. Das Beispiel von Damaris zeigt, daß durch Analysieren Ursachen angenommen werden können, daß wir beim Aufdecken seelischer Störung uns mit Annahmen begnügen müssen. Gehen Sie einen Schritt weiter zu Neuorientierung. Haben Sie die Angst vor dem Fliegen von Ihren Eltern übernommen, dann orientieren Sie sich neu, indem Sie sich positive Aspekte des Fliegens wie Zeitgewinn, Vogelperspektive von Landschaften, das Erlebnis, wie ein Vogel über den Wolken zu schweben, überlegen.

Versuchen Sie, zuerst *nach den Ursachen Ihres Unbehagens zu fragen und* dann *sich neu zu orientieren.*

Übung I

Thematik: Etwas Vorgegebenes (Schicksal) muß nicht bleiben, sondern ist das, was ich mit der Hilfe meines eigenen Denkens daraus mache.

Wählen Sie aus untenstehendem Text Ihre Sätze aus.

»Meine Ruhe wird immer tiefer ...
Ich spüre Gelöstheit und Gelassenheit in mir ...
Aus meiner Ruhe strömt Geborgenheit ...

Aus dieser Ruhe entsteht aufbauende Energie ...
Alles Schicksalhafte, was ich *jetzt* nicht verstehen
kann, birgt Chancen für inneres Wachstum ...
Der Wechsel von Freude und Schmerz, von Steigen und
Fallen birgt das Geheimnis intensiven Lebens ...
Wenn ich bewußter lebe, erübrigt sich die Angst, etwas
zu verpassen: Weder halte ich am Schicksal fest, noch
warte ich auf etwas Illusionäres von außen ... (Wenn
ich dies oder jenes erreicht habe, dann ...)
Ich bin getragen von meinem selbständigen Denken,
Spüren und Neuorientieren ...
Ich bin geschützt durch meine Ruhe ...

Ich bin gestärkt durch die Verantwortung, die ich für mich übernehme…
In mir strahlen Ruhe und Geborgenheit…«

Übung II

Thematik: »Es« ist nicht einfach so, weil die Ursache Ihrer Schwierigkeit, Ihres Unbehagens unbekannt oder weil »es« vererbt ist. Sie können Ihren Zustand verbessern, indem Sie zu sich ehrlich sind. Ein Beispiel dazu ist die Auseinandersetzung mit etwas an Ihnen, was Sie selbst als Schwäche erleben und darum von sich schieben. Wählen Sie aus untenstehendem Text, was Sie betrifft.

»Meine Ruhe wird immer tiefer…
Ich nehme an mir etwas wahr, was ich als Schwäche erlebe…

Ich akzeptiere es als Tatsache…
Ich nehme die Angelegenheit ernst…
Ich werte darüber nicht… (indem ich mich z. B. ärgere)
Ich betrachte es aus der Perspektive einer Zweitperson…
Ich lasse es nüchtern auf mich wirken…
Ich werde der Hintergründe bewußter…
Ich werde der seelischen Funktion bewußt…
(z. B. Zuwendung als Reaktion auf Krankheit)
Bewußtwerdung ist die Basis zur Verbesserung meines Befindens…

Was stört mich an dieser Situation? …
Warum erlebe ich sie als Schwäche? …
Ist sie eine Flucht vor etwas, worüber ich mir nicht
oder zuwenig bewußt bin? …
Handelt es sich um etwas, was unbequeme, konsequen-
te Auseinandersetzung von mir fordert? …
Was bringt mir diese Schwäche Positives? … (Anerken-
nung, Kompensation, Gefühl, angenommen zu sein)

Ich versuche, ›es‹ und damit mich zu akzeptieren …
(annehmen heißt nicht gutheißen)
Ich kann ehrlich zu mir sein, unabhängig von Konse-
quenzen …
Ich spüre Energie und Unternehmungsfreude zur
Veränderung in mir …
Ich fühle mich stark und zuversichtlich …
Ich ruhe in mir selbst …
Ich fühle Geborgenheit und Sicherheit in *mir* …«

Wie wir uns, ohne es zu merken, Ängste aneignen

Die Gespräche über ihre schlaflosen Nächte weckten in
Damaris Erinnerungen an andere Ängste aus ihrer Kindheit. Bei ihren Erzählungen realisierte sie, wie diese
Ängste Kreise zogen, die sich mehr und mehr ausdehnten:

»Nicht erst in der Schule, schon im Kindergarten hatte ich das Gefühl, nicht zu genügen, nicht angenommen zu sein. Natürlich war ich mir dessen damals nicht bewußt.

Es begann auf dem Weg in den Kindergarten. Der Weg dauerte zehn Minuten. Täglich ging ich eine halbe Stunde vor Beginn von zu Hause weg und kehrte regelmäßig nach fünf Minuten weinend zurück mit der angstvollen Frage, ob ich gewiß nicht zu spät käme. Die Frage, die mir die Mutter stellte, was zu spät kommen bedeuten würde, ließ ich nicht an mich heran. Mich nicht nach der Erwartung der Kindergärtnerin zu verhalten war das einzige, was ich wahrnehmen konnte. Ich war beherrscht von der Angst, durch Enttäuschen abgelehnt, verlassen oder nicht mehr geliebt zu werden...

Die Angst, nicht zu genügen, dehnte sich allmählich von Pünktlichkeit auf andere Gebiete aus. Als ich zur Schule kam, äußerte sich dies am deutlichsten in Noten. Es gab für mich nur den Maßstab sehr gut. Vor Prüfungen steigerte ich mich aus lauter Angst in Selbstmordgedanken. Wenn ich nicht sehr gute Leistungen erbrachte, setzte mein logisches Denken aus. Eine Existenz ohne Höchstleistung war unvorstellbar, denn sie war das einzige, was mir Existenzberechtigung verlieh. Dies erstaunt mich heute um so mehr, weil meine Eltern mich nie zu Bestleistungen anspornten.

Mein Leben war ausgefüllt mit der Angst, in irgendeiner Form nicht zu genügen. Während Stunden saß ich sinnlos repetierend am Schreibtisch. Auch an den Wochenenden, an denen ich viel lieber mit der Familie spazierengegangen wäre, ›mußte‹ ich am Schreibtisch sitzen. Natürlich geschah dabei nichts Produktives, außer daß mir die Nähe der Bücher eine Pseudoruhe verlieh. (Heute erinnert mich dies an putzwütige Frauen, die steril saubere Wohnungen schrubben.) Wie viele Stunden, zusammengezählt wohl Monate, ich in meiner Kindheit so zugebracht habe, ist kaum vorstellbar.

Meine Schulangst verunsicherte auch meine Mutter, weil sie wußte, daß ich mir in den Kopf gesetzt hatte zu studieren. Es war für sie unvorstellbar, wie ich meine Ängste noch einmal zehn Jahre durchstehen könne. Wahrscheinlich beobachtete sie auch, daß diese sich mehr und mehr ausdehnten. Ihre Verunsicherung veranlaßte sie, mich zu einem akademischen Berufsberater zu schicken. Seine Tests ergaben, daß ich für ein Studium wohl geeignet sei, daß aber unter den gegebenen Umständen eine Psychotherapie unumgänglich sei.

Meine klaren Zukunftsvorstellungen eines akademischen Berufes veranlaßten mich, auf den Vorschlag einer psychotherapeutischen Behandlung einzugehen. So kam es, daß ich als Fünfzehnjährige zweimal wöchentlich zum Psychiater fuhr. Alle meine freien Nachmittage opferte ich dafür, so daß ich keine Zeit mehr mit Gleichaltrigen verbringen konnte.

Anfangs fühlte ich mich in den Gesprächssitzungen wohl, weil ich Zuwendung erhielt und reden durfte. Ich fühlte mich ernst, voll und erwachsen genommen. Dies hatte sehr bald zur Folge, daß mein Freundeskreis mehr und mehr aus Frauen zwischen 45 und 65 Jahren bestand. Gleichaltrige waren mir zu oberflächlich, zu übermütig, zu lebensfroh. Ich suchte mir unbewußt depressive Umgebung, wo ich durch Zuhören Existenzberechtigung bekam. Ich verlernte lautes Lachen. Ich konnte und mochte nicht mehr spielen, nicht albern sein. Liebesgeschichten und erst recht Liebeskummer fand ich banal. Ich glaube nicht, daß ich altklug war, sondern ernst und still, traurig und zu offen für den Schmerz der Welt, zu empfänglich für die Probleme anderer, jedoch verschlossen für Lebensfreude. Die Erwachsenen schätzten mich als aufmerksame Zuhörerin. Ich sehnte mich so sehr danach, angenommen zu sein, weil ich mich selbst nicht annehmen konnte.

Ich floh in die Geborgenheit der Außenwelt, weil es in mir selbst für mich nur dunkel und kalt war.

Ich wurde zunehmend zur Schutthalde von Frust und Kummer, was mir wie die schulische Leistung Genugtuung gab.

Ich war als Kleinkind ein sonnig strahlender, sprühender Lockenkopf, der durch Ängste zunehmend ernst wurde, seltener lachte und bald nur noch aus Vernunft, Angst und Hilfsbereitschaft zu bestehen schien. Ich erinnere mich an die Worte meiner Mutter: ›Du bist mir unheimlich, weil du so brav bist.‹

Man hat mich aus meinem sinnlosen Kreisen in Ängsten nicht herausreißen können. Ich kleine Erwachsene wurde zusehends apathischer und freudloser.

Was mir besonders zu schaffen machte, war mein

Körper. Er verunsicherte mich vollends. Ich haßte ihn, denn er war mollig. Ich schämte mich seinetwegen. Am liebsten hätte ich ihn abgestreift. Ich trieb keinen Sport, um nicht gesehen zu werden. In einer Sitzung wollte meine Therapeutin diese Thematik aufgreifen. Ich konnte darauf nicht eingehen, worauf sie mir drohte, daß sie nicht mehr bereit sei, unsere Gespräche fortzusetzen. In die Enge getrieben, reagierte ich mit einer körperlichen Ohnmacht, welche zur Folge hatte, daß ich während Jahren viele neurologische Untersuchungen über mich ergehen lassen mußte. Viel schlimmer waren für mich allerdings die hochdosierten Medikamente.

Meine Angst hatte mich von Jahr zu Jahr mehr. Die Lehrer erkannten sie und schienen ratlos. Sie wollten mir helfen, indem sie mir sagten, ich würde geisteskrank werden, wenn ich mir keine Erholung gönne. Sie bewirkten damit das Gegenteil von dem, was sie eigentlich wollten, nämlich mich von meinem übertriebenen Pflichtbewußtsein entlasten. Sie drohten mir, daß ich in einer psychiatrischen Klinik enden werde. Inwieweit diese Prognosen in mich drangen, weiß ich nicht. Ob sie Einfluß darauf hatten, daß ich wirklich hospitalisiert wurde? Ich weiß es nicht. Ich hatte geglaubt, schon längst auf dem Boden der totalen Finsternis aufgeprallt zu sein, und stürzte durch die Worte der Lehrer noch tiefer. Meine Suizidpläne nahmen konkrete Formen an.

Mit 16 Jahren geschah in meinem Leben ein Einbruch: Ich mußte in eine andere Stadt ziehen, um das Gymnasium besuchen zu können. Ich wurde dort noch einsamer, noch ängstlicher. Ich war einer dunklen Kraft schutzlos ausgeliefert: der Depression. Ich war gezwungen, das Geborgenheit bietende Elternhaus zu verlassen, bevor ich in *mir selbst* Heimat gefunden hatte. Ich war heimatlos.

Je mehr Jahre verstrichen, desto mehr ballte sich eine Gewitterwolke von außen und innen zusammen: Krankheit, Klinik, übergeschnappt... Es existierte niemand, der mir Leben zugetraut hätte, am allerwenigsten *ich selbst*.

Meine Psychoanalyse war für mich mit größter Erwartung verbunden. Doch ein Sein? Ich war mir bewußt, daß, wenn überhaupt, dann nur mit Hilfe dieser Behandlung ein Studium und damit für mich ein Weiterleben möglich war. Gleichzeitig klang noch die Drohung meiner Therapeutin in mir nach, daß sie nicht mehr gewillt sei, mit mir weiter zu arbeiten, wenn ich mich nicht auf das abscheuliche Thema Körper einließe...

Abgesehen vom seelischen Druck, der auf mir lastete, ging es mir körperlich nicht gut, was ich jedoch nicht wahrnahm. Mein Körper war ein Fremdkörper; er schien nicht zu mir zu gehören. Er war ein notwendiges Übel. Ich weigerte mich nach wie vor, mich mit ihm einzulassen. Bei einer ärztlichen Kontrolle wurde zufällig eine Gelbsucht festgestellt. Zwei Jahre lang hatte ich täglich unter starker Übelkeit gelitten, davon aber keine Notiz genommen. Ich war zu sehr von meinem seelischen Schmerz absorbiert gewesen.

Zu meinen Ängsten gesellte sich das Gefühl, moralisch schlecht zu sein. Ich betrachtete es als meine Pflicht, sterben zu müssen, weil ich eine untragbare Zumutung sei. Solche Überlegungen äußerte ich in den Analysestunden. Ich erhielt noch mehr Antidepressiva verordnet, und je länger, desto mehr sprach meine Therapeutin Befürchtungen darüber aus, daß destruktive Kräfte in mir die Oberhand gewinnen und ich die Kontrolle verlieren, mich ungewollt umbringen könnte. Die einzige Person, die für mich bis zu diesem Zeitpunkt ein schwacher Hoffnungsschimmer gewesen war, ließ mich fallen. Ich fühlte mich durch sie an meine dunklen Phantasien ausgeliefert. Diese Gedanken hatten mich, nicht ich sie …

Oder waren sie vielleicht gar nicht da? … Ließ ich sie mir in meiner Hilf- und Ratlosigkeit einreden?

Die Worte über Befürchtungen, was Selbstmord betraf, wirkten suggestiv. Ich bat darum, hospitalisiert zu werden. Damals war ich 18 Jahre alt.«

Psychotherapeutische Betrachtung und Leitfäden

»Man überfordert mich rundum.« Wie oft hören oder sagen auch Sie solche Worte? Ist es wirklich »man«, oder sind Sie es selbst, der/die sich in Situationen manövriert, in denen Sie überfordert werden? Es ist Folge unserer eigenen Überforderung, daß wir überfordert werden. Wie Damaris mit ihrem übersteigerten Anspruch an ihre schulische Leistung, so sitzen sich viele

selbst *im Nacken. Sie machen sich vor, es seien Außenstehende, ein Chef, Angehörige, der Lebenspartner. Warum brauchen wir das Gefühl der Überforderung und damit überdurchschnittlicher Leistung? Vermittelt sie uns durch Anerkennung Selbstwertgefühl? Durch Verpflichtungen, Aufgaben und Ämter können wir der Konfrontation eines* echten *Selbstwertgefühls, das* nicht auf Leistung *basiert, ausweichen. Echtes Selbstwertgefühl bedeutet, daß ich mich gut finde, unabhängig von der Sicht Außenstehender. Wir realisieren in unserer Überaktivität nicht, daß wir vor »etwas« davonlaufen. Wir verstricken uns in pausenlose Überforderung, welche eines Tages in körperlicher oder seelischer Krankheit (Erschöpfungsdepression) gipfeln kann. Bevor der Höhepunkt der Krankheit erreicht ist, führt der Weg über meist unbewußte Ängste (nicht zu genügen, abgelehnt zu werden). Wir sind uns auch nicht bewußt, wie sich diese Ängste bei uns eingeschlichen haben.*

Wo fühlen Sie sich daheim?

Viele sind älter als die achtzehnjährige Damaris und fühlen sich heimatlos. Sie bleiben es ihr Leben lang, ohne sich dessen bewußt zu werden. Suchen Sie Ihr Heimatgefühl in einer Partnerschaft? Das ist gefährlich, denn der Anspruch auf Geborgenheit beim Du bringt eine bedrückende Unselbständigkeit und für den Partner einengende Abhängigkeit mit sich. Diese Beengung tötet Gefühle…

Wie reagieren Sie auf Schmerzen, deren Ursache Sie nicht kennen? Gewöhnen Sie sich daran, oder klären Sie die Ursache? Körpersymptomen zuwenig Beachtung zu schenken, weil anderes wichtiger ist, ist typisch für organisch Erkrankte (Magengeschwür im Gegensatz zu Migräne oder Herzstechen). Je stärker seelisch verdrängt wird, desto heftiger muß der Körper reagieren. Dies wird oft fehlinterpretiert, nämlich daß ein Herzinfarktpatient als »echt« krank, seelisch gesunder gilt als ein Mensch mit Migräne oder Schlaflosigkeit. In Tat und Wahrheit wird ein psychischer Notstand von organisch Erkrankten (Gallensteine, Magengeschwür, Infarkt) noch weniger zugelassen als vom Neurotiker (Gallenkolik, Verdauungsbeschwerden, Herzstechen), welcher das seelische Leiden eher erkennt.

Damaris hat gelernt, psychisch krank zu sein, weil man ihr sagte, daß sie krank sei. Sie hat sich Lebensfähigkeit abgesprochen. Das Gefühl von Aussichtslosigkeit, Unveränderbarkeit, falschem Fatalismus wird uns durch Medien täglich eingehämmert, anstatt daß der Glaube an Selbsthilfe und Selbstverantwortung geweckt würde…

Als möglichen Leitfaden für den Umgang mit angeeigneten Ängsten (»es« nicht schaffen) werfen Sie die Frage auf, was Ihnen die Konsequenz der Angst Positives gebracht hat. Wenn Sie zum Beispiel sehr angepaßt sind, verleiht Ihnen dies die »Sicherheit«, angenommen zu sein. Indem Sie solche Betrachtungen aufgreifen, fällt es Ihnen leichter, sich auf Ihre Schwäche einzulassen, sich mit ihr anzufreunden. Mit Anfreunden ist jedoch nicht Gutheißen gemeint, sondern wertfreies Überdenken. Wenn Sie sich an einer Eigenschaft Ihres Geliebten stoßen, nehmen Sie nicht nur diese an ihm wahr, sondern akzeptieren sie als einen Teil der ganzen Persönlichkeit.

Das Positive, von dem ich soeben gesprochen habe, ist auch die Begründung dafür, weshalb die Einsicht über ein Fehlverhalten oft nicht genügt, um es zu ändern. Wenn ich erkenne, daß mein Überangepaßtsein mir die Sicherheit verleiht, angenommen zu sein, fällt es mir schwer, es abzulegen, weil ich das Risiko der Ablehnung auf mich nehmen muß.

Aus objektiver Distanz betrachtet, sehen wir, wie der Anspruch von Damaris auf Superlative immer weitere Kreise zog: Sie mußte in der Schule und als Mensch sehr gut sein. Solche Ansprüche haben viele von uns in irgendeiner Form. Sie bewirken, daß wir nie genügen können, es uns schlecht geht. Das Positive für Damaris war jedoch, daß sie durch dieses unermüdliche Bemühen – trotz schlechter Prognosen – die von ihr gesetzten Ziele (Studium, Beruf) erreichen konnte. Etwas in ihr hat die erlernten Selbstzweifel überwiegen können. Sie wußte, daß sie nichts zu verlieren hatte. Sie mußte riskieren oder sterben. Müssen wir oft an Grenzen der Verzweiflung (Krankheit, Scheidung, Arbeitslosigkeit) stoßen, bevor wir offensive Kräfte entwickeln?

Viele unserer Wege sind Umwege, scheinen Irrwege zu sein, die sich erst viel später als sinnvoll entpuppen. Es ist schwierig, im Augenblick eines Todesfalles an dessen Sinn zu glauben. Eine andere Situation ist das Akzeptieren von Wegen, die wir gegangen sind und die wir im nachhinein als falsch bewerten. Wir müssen sie uns verzeihen können, müssen mit uns nachsichtig sein. Damals war ich jemand anderer als heute.

Wie reagieren Sie auf Schwächen oder Niedergeschlagenheit bei sich selbst? Sind Sie in deprimierter Verfassung lieb zu sich, oder lehnen Sie sich ab? (Wie reagieren Sie, wenn es Ihrem Partner nicht gut geht?) Beschimpfen Sie sich sogar? In diesen kritischen Augenblicken ist es besonders wichtig, verständnisvoll zu sein. Dazu ein allgemein verbreitetes, wenn auch sehr einfaches Beispiel: Es geschieht Ihnen ein Mißgeschick. Sie verschütten den Inhalt eines Glases. Wie reden Sie in diesem Augenblick mit sich? Wie würden Sie in derselben Situation zu jemand anderem reden, dem das gleiche passiert ist? Ein anderes Beispiel, dessen Folgen gewichtig sein können, ist unsere Reaktion auf körperliche Störung oder Krankheit, bei der wir häufig Gehässigkeit, Ungeduld oder sogar Wut gegen uns empfinden. Die Logik dieses Verhaltens könnte den Eindruck erwecken, als hätten wir uns den Schmerz zum Vergnügen gewählt. Mit negativer Stimmung gegen uns verschlimmern wir den Zustand, weil wir uns zusätzlich verspannen. Durch eine Krankheit wird das geschwächte Organ noch zusätzlich strapaziert und die Störung vertieft. Sind Sie auf jemanden, den Sie lieben, wütend, wenn er leidet? Vorausgesetzt natürlich, daß er damit nicht provoziert. Sie suchen wahrscheinlich danach, womit Sie ihm Linderung verschaffen, wie ihm helfen, ihn erleichtern und entlasten könnten. Warum reagieren Sie nicht in derselben Weise auf sich? Gewiß, wir können weder uns noch einen andern immer lieben. Wir können aber lernen, immer zu uns selbst zu stehen, uns zu helfen, anstatt auf Trost von außen zu warten. Vertrauen wächst in uns. Wir finden Heimat, Geborgenheit, Sicherheit in uns, wie wir sie als Kinder bei Erwachsenen gesucht haben. Es ist natürlich und selbstverständlich, daß wir sporadisch über uns verstimmt sind. Wir müssen aber in der Gewißheit leben können, daß wir in jeder Situation zu uns selbst stehen können, daß wir dies nicht von Außenstehenden erwarten.

Abgesehen von der Mißstimmung, die wir durch Verständnislosigkeit in uns produzieren, vergessen wir zusätzlich, daß wir unser Empfinden für uns auch auf unsere Umgebung ausstrahlen. Haben Sie sich auch schon dabei ertappt, wie Sie an jemandem herumnörgelten, weil Ihnen in der eigenen Haut nicht wohl war? Oder daß jemand an Ihnen herumnörgelte und Sie nach kurzer Verunsicherung erkannten, daß der Nörgler eigentlich aus der eigenen Haut wollte und Sie darum zu seinem Opfer wurden? Die Ausstrahlung von Unterwürfigkeit hat zur Folge, daß wir jemand Unterwürfigen anfangs aufmuntern. Hält er an seinem Hündischsein fest, wird er allmählich auch in unseren Augen unterwerfungs»würdig«. Der Unterwürfige beklagt sich darüber, daß er wegwerfend behandelt, daß er gedemütigt werde. Er sieht nicht, daß er sich sein Image selbst eingebrockt hat.

Überlegen wir uns eine gegenteilige Situation: Wann fühlen wir uns durch die Gegenwart und Ausstrahlung eines Menschen wohl? Eine Person strömt dann Behaglichkeit aus, wenn sie mit sich selbst in Harmonie, in Einklang lebt. Es ist nicht der abgekämpfte, selbstzerfleischende Märtyrer, der uns anzieht und wohltut. Was wir in uns selbst realisieren, das schlägt sich auch in unserem Umfeld nieder. Wenn wir uns selbst in gesundem Ausmaß Zuwendung geben, wird dies auch unsere Beziehungen zur Außenwelt positiv bestimmen.

Ich kehre nochmals mit einer Frage zu Damaris zurück. Was haben ihre Schwächen Positives gebracht? Sie haben ihr den Ruf vermittelt, immer lieb und brav zu sein. Sie trotzte nicht, paßte sich – wie so viele Menschen – immer an. Als Folge davon erhielt sie eine Zuwendung in Form von Lob, von Anerkennung, die für sie notwendig wurde wie Sauerstoff zum Atmen, denn sie war grundsätzlich ihrer vernichtenden Selbstkritik ausgesetzt. Kurzsichtig betrachtet war dies positiv für sie, wie es für viele von uns ist. Absichtlich greife ich die Gefährlichkeit des Positiven dieser Anpassung nochmals auf: Für Damaris existierte kein Mensch, bei dem sie sich erlauben konnte, sich selbst zu sein, also so, wie sie war, und nicht wie sie glaubte sein zu müssen. Stehen Sie zu sich, wie Sie sind, oder passen Sie sich so an, wie Sie glauben, daß es von Ihnen erwartet werde? Dieses Verhalten ist dann logische Konsequenz, wenn Sie sich nicht akzeptieren, nicht achten, wenn Sie nicht glauben können, daß Sie nicht aufgrund von Leistung oder Liebsein liebenswert sind, sondern weil Sie sind, wer Sie sind. *Wenn Sie so empfinden, dann müssen Sie konsequenterweise annehmen, daß auch Ihre Umgebung Sie nicht akzeptieren kann, wie Sie wirklich sind.*

Leben Sie, wer Sie sind? ...

Problematisch wird das geschilderte Verhalten in Liebesbeziehungen, vor allem dann, wenn der »Schauspieler« geliebt wird. Er lebt in der Angst vor der Stunde der Demaskierung, der Wahrheit. Kann er noch geliebt werden, wenn er ist, wer er ist?

Mit ihren Schulängsten hat Damaris von sich selbst ablenken können. Ohne es zu merken, lenken wir alle immer wieder von uns ab und weichen damit Eigenverantwortung *und Spüren von uns selbst aus. Wir nutzen oder mißbrauchen unsere Tätigkeit, damit verbundene Verpflichtungs- und Verantwortungsgefühle, Medien- oder Normenkonformität als Fluchtwege. Wir verplanen uns in einem Ausmaß, das keine Zeit für Gedanken über uns, geschweige denn Spüren unseres Selbst läßt. Wir realisieren nicht, daß wir uns je länger, desto mehr von uns weg bewegen, uns verlassen, daß wir nicht einmal mehr wissen, was wir vom Leben erwarten oder wollen. Ich staune oft über die verblüfften Gesichter, wenn ich in therapeutischen Gesprächen nach Wünschen und Lebensträumen frage. Wir lassen unser Leben von äußern Umständen wie Beruf, wie Glaube an unsere Unentbehrlichkeit, wie finanzielle Ansprüche, die wir nicht gewillt sind zurückzustecken, bestimmen.*

Warum geraten wir in diesen Engpaß?

Weil wir dazugehören, weil wir »in« sein müssen. Wir folgen dem Sicherheit bietenden Herdentrieb. Wir ziehen die Normgerechtigkeit dem Wohlbefinden vor, weil es uns als Kinder so gelehrt wurde. »Man« ist wichtiger als »ich«. Uneigenständigkeit, mangelnde Zivilcourage, die daraus entstehen können, werden im Erwachsenenalter auf verschiedenste Weise fortgesetzt. Wir leben den Augenblick zuwenig bewußt, geschweige denn intensiv, weil wir so stark mit der Außenwelt beschäftigt sind. Die schon öfter erwähnte Überaktivität gehört auch hier aufs Tapet.

Mit der Fremdbestimmung fördern wir die Angst vor der Zukunft und vor dem Verpassen: Wir sind so auf außen fixiert, daß wir uns selbst nicht spüren, den Istzustand nicht genießen können. Daß wir zu kurz kommen, wollen wir nicht wahrhaben. Und die Tatsache, daß wir dieses Defizit selbst verursachen, verdrängen wir säuberlich. Ängste, Schlaflosigkeit oder Schmerzsymptome wollen uns daran erinnern. Damit sind wir wieder zur Ausgangsthematik zurückgekehrt: wie wir uns, ohne es zu merken, Ängste oder Krankheiten aneignen.

Übung I

Thematik: Sie lernen vermehrt bei sich zu bleiben, so daß Sie weniger von außen beeinflußt werden, sich aber gleichzeitig für Impulse öffnen können. Um bei sich zu bleiben, müssen Sie sich mit sich wohl fühlen. (Sie bleiben auch dann bei einem andern Menschen, wenn Sie sich mit ihm wohl fühlen.) Damit Sie sich bei sich geborgener, sicherer, wohler fühlen, lernen Sie, Ihre Schwächen *emotionslos* zu betrachten, sie zu akzeptieren, um sich so mit ihnen auseinanderzusetzen. Wählen Sie sich aus untenstehendem Text Ihre Sätze selbst.

»Meine Ruhe wird immer tiefer…
Ich erlebe eine Eigenschaft an mir, die mich stört…
Ich betrachte sie nüchtern…
Ich verdränge sie nicht…
Ich verdränge sie nicht, obwohl sie unangenehm ist…
Ich akzeptiere sie…
Ich bleibe dabei entspannt, obwohl sie mich bis anhin regelmäßig ärgerlich über mich gestimmt hat…

Was hat mir diese Eigenschaft Positives gebracht?…
Was möchte ich an ihr ändern?…
Warum möchte ich es ändern?…

Durch das Erkennen des Positiven kann ich mich einlassen…
Was ich ablehne, arbeitet in mir weiter, weil ich es verdränge…
Durch mein Akzeptieren vermeide ich das Wegschieben…
Änderung ist möglich, weil ich akzeptieren kann…
Ich akzeptiere mich, wie ich einen Menschen akzeptiere, den ich liebe…
Wie ich ihn annehme, so nehme ich mich an und bringe

Verständnis für mich auf ...
Ich fühle mich von mir getragen ...
Ich fühle mich in mir geborgen und sicher ...«

Übung II
Thematik: Einerseits prägt die Resonanz Ihrer Umgebung Ängste, Selbstzweifel und Unbehagen in Ihnen.
Andererseits müssen Sie sich aber fragen, was Sie sich
selbst zutrauen. Welche Auswirkung hat allfälliger Man-
gel an Zutrauen für Sie, welche Auswirkung für Ihre Beziehung zur Außenwelt? Wählen Sie aus untenstehendem Text Ihre Sätze.

»Meine Ruhe wird immer tiefer ...
Ich bin ganz ruhig und locker ...
Ich fühle mich in meinem Körper wohl ...

Was traue ich mir zu? ...
Habe ich Vertrauen in mich selbst? ...
Fehlt mir das Vertrauen, in mir mein Maß zu finden? ...
(Angst, zu egoistisch zu werden.)
Bin ich argwöhnisch gegenüber mir selbst? ...
Was ich mir zutraue, das traut man mir zu ...
Was sich in mir bezüglich meines Selbst abspielt, das
strahle ich aus ...
Vertrauen in mich ...
Verständnis für mich ...
Geduld für mich ...

Zuwendung zu mir ...
Vertrauen weckt Vertrauen ...

Ich spüre Ruhe und Güte für *mich* in mir ...
Ich erlebe Ausgeglichenheit und Harmonie in mir ...«

Aus Lebensangst in Krankheit, Beruf, Verpflichtung, Ämter fliehen

Während unserer Gespräche realisierte Damaris, als sie aus ihrer Kindheit erzählte, wie sie mittels ihrer Ängste vor sich selbst geflohen war, es zum Teil noch immer tat: Sie berichtete mir, gestützt auf ihre Tagebucheinträge, weiter:

»Ich war eine aufnahme- und lernfreudige Schülerin meiner Analytikerin. Es gelang ihr vorzüglich, ihre Ängste auf mich zu übertragen. Ich hatte zunehmend Angst vor mir selbst. In meiner Verzweiflung bat ich um Hospitalisation in einer psychiatrischen Klinik.

An einem regnerischen, nebligen Novembertag brachten mich meine Eltern in die Klinik. Sie war eingebettet in eine düstere Ried-Moor-Landschaft. Witterung und Landschaft entsprachen meinem Gemütszustand: morbid, unfaßbar, dunkel, total verlassen, durch die Lichtspiele unheimlich.

Ich wollte nicht in die Klinik; gleichzeitig drängte ich nach einer Sicherheit, nach einem *Schutz vor mir selbst,* fühlte ich mich von mir gehetzt und sehnte mich nach Geborgenheit, danach zu schlafen, schlafen, schlafen… Weder konnte ich mich meiner gewohnten Alltagsumgebung zumuten, noch mochte ich in der Klinik sein. Ich bestand aus einem einzigen Gedanken: ›Es‹, das ich nicht zu definieren vermochte, solle endlich aufhören. Ich glaube nicht, daß ›es‹ das Leben meinte, doch galt ich als selbstmordgefährdet.

Die ersten Tage meines Klinikaufenthaltes verbrachte ich auf einer geschlossenen Abteilung. Das Zimmer teilte ich mit einer älteren Frau. Sie saß unbeweglich, erstarrt und weinte unhörbar. Ununterbrochen flüsterte sie die Worte: »Ich weiß nicht, was mit mir ist.« Dieses Mitansehen der totalen Hilflosigkeit dieser Frau riß mich aus meiner eigenen Ratlosigkeit heraus. Gleichzeitig fühlte ich auch, wie sich ein negativer Sog, den sie ausstrahlte, in mich einzubohren begann. Ich war durch meine Dunkelheit und den innern Kampf zu erschöpft, als daß ich mich hätte abschirmen können. Nach Jahren erlebte ich das gleiche in einem allgemeinen Krankenhaus, wo die kranke Atmosphäre sich immer mehr in mir ausbreitete, je länger ich dort war. Anstatt daß ich mich genesen fühlte, wurde ich von Tag zu Tag elender. Ich kam mir lieblos vor und schämte mich, weil ich für meine Mitpatienten nichts tat.

Der Ortswechsel in die Klinik hatte mich aus der Blindheit meiner Angst erlöst. Ich fühlte mich hier fehl am Platz. Man ermöglichte mir ein Gespräch mit dem Chefarzt. Noch am selben Tag veranlaßte er meine Verlegung auf eine offene Abteilung. Nach wenigen Tagen auf der neuen Abteilung fühlte ich mich wohlig. Morgens wurde ich von der Nachtwache liebevoll geweckt. Nach dem Frühstück lernte ich für die Schule. Ich habe es bewußt genossen, daß kein Prüfungsdruck des Gymnasiums auf mir lastete. Um neun Uhr tranken wir am Kaminfeuer Tee, danach lernte ich wieder bis zum Mittag. Nach dem Essen ging ich in das menschenleere Ried spazieren und träumte ...

Es war herrlich! Ich mußte nichts, war für nichts, niemanden, vor allem *nicht für mich* verantwortlich. Meine Umgebung bestand aus Menschen in ähnlichen Situationen und aus vielen umsorgenden Müttern, den Psychiatrieschwestern. Ich hatte schon einen Fuß in das Boot der Leidensgemeinschaft gesetzt, dessen Kurs der ›Ozean der Unselbständigkeit‹ war. Ich war verführt, mich an den ›paradiesischen‹ Zustand (keine Verantwortung haben), die Ferien vor meinen Ängsten zu gewöhnen. Ich realisierte das, bevor ich abhängig war, bevor ich Zukunftsgedanken gänzlich von mir geschoben hatte, worauf ich mich dem Arzt mitteilen konnte. Ich wurde sofort aus der Klinik entlassen.

Zwei Tage danach rief ich den behandelnden Arzt an und bat ihn, mich wieder in den Schutz der Klinik aufzunehmen. Er zwang mich (endlich), auf meinen eigenen Füßen zu stehen. Was andere und ich mir selbst nicht zugetraut hatte, traute er mir zu. Ich habe mich nicht umgebracht. Allmählich begann ich Vertrauen in mich zu schöpfen.

Meine akute Suizidalität, wie die Diagnose lautete, war medikamentös bekämpft, meine Grundproblematik die alte geblieben. Was zu erwarten war, trat auch ein: Einige Monate vor der Matura war ich wieder in der Klinik. Meine Verzweiflung der bevorstehenden Examen wegen war noch größer geworden.«

Psychotherapeutische Betrachtung und Leitfäden

»Wenn ich krank wäre, könnte (dürfte) ich mich ausruhen, würde man mich verwöhnen.« Kennen Sie solche Gedanken? Wunschphantasien können sich bis ins Krankenhausbett spinnen. Diese Flucht in Krankheit ist Spiel mit dem Feuer. Der Kranke erhält vermehrt Zuwendung oder wird von einer unangenehmen Verpflichtung entlastet. Damaris fand es in der Klinik wundervoll: Sie konnte jegliche Eigenverantwortung ablegen.

Flucht vor sich selbst in eine heile Welt muß nicht Krankheit bedeuten. Es gibt unzählige solcher Beispiele in der Alltagswelt: zu intensives Engagement im Beruf, vor allem bei Müttern in der Familie, in einer Beziehung oder in irgendeiner Form von Sucht.

Damaris schildert, daß sie in der Klinik den quälendsten Zustand dann überwunden hatte, als sie die Mitpatienten wieder wahrnehmen konnte, nicht mehr ausschließlich auf ihr eigenes Leid fixiert blieb. Das Nicht-mehr-Wahrnehmen der Außenwelt ist für schwer Depressive charakteristisch, und es ist wichtig für den

Umgang mit diesen Menschen, darüber Bescheid zu wissen. Angehörige sind oft versucht, dem Kranken zu raten, er müsse sich »nur« mehr unter Leute begeben. Bedingt kann dies richtig sein, doch gibt es einen Zustand, in welchem sich der Depressive dadurch noch weltfremder fühlt. Anstatt Ratschläge zu erteilen, wäre es heilsam, mit dem Depressiven in freier Natur zu spazieren, was nicht nur den Körper entspannt, sondern auch innerlich lösen kann. Was ebenso von Bedeutung ist wie Zuwendung, ist das Zutrauen, das wir dem Depressiven entgegenbringen. Nur in Ausnahmefällen sollten Depressive ihrer Verpflichtungen vorübergehend entbunden werden.

Wir müssen uns vermehrt bewußt werden, wie wir im Alltag durch negative Ausstrahlung manipuliert und angesteckt werden. Damaris schilderte diese Ansteckung am Beispiel der Zimmergefährtin. Sie werden in der Straßenbahn von jemandem angelacht, oder Sie lachen in ein stumpfes Gesicht, dessen Ausdruck unverändert bleibt. Wie fühlen Sie sich nach diesen zwei Situationen? Es kann Menschen im Alltagsleben, im Straßenverkehr, im Bekanntenkreis betreffen. Wenn wir uns innerlich nicht abgrenzen, das heißt uns mit der äußern Situation, die an uns herangetragen wird (Berichte über Delikte), identifizieren, dringt negative Strahlung in uns ein. Je kraftloser wir sind, je schlechter wir uns fühlen, desto empfänglicher werden wir für negative Strömungen und pessimistisches Denken. Ihr Partner kommt später nach Hause als abgemacht. Wenn Sie überarbeitet sind, galoppiert Ihre Phantasie mit Ihnen davon, und Sie stellen sich vor, was ihm zugestoßen sein könnte. Unser psychisches Immunsystem ist geschwächt.

Nur wenige, denen zuwenig zugetraut wird, ergreifen die Flucht nach vorne. Warum reagiert der eine bei mangelndem Zutrauen seiner Umgebung mit Apathie, im Sinne von »Resignation ist lernbar«? Ein anderer reagiert mit Auflehnung: Euch werde ich es zeigen. Er eilt nach vorne, weil der Erfolg oder die Leistung ihm Existenzberechtigung geben.

Mangelndes Zutrauen von außen kann auch eine Chance sein. Sie besteht darin, daß jemand dadurch motiviert wird, mehr zu verwirklichen, als er sich rational zugetraut hat.

Übung

Thematik: Sie übernehmen Eigenverantwortung sowohl für Ihr Wohlbefinden als auch für Ihre Lebensschritte, indem Sie sich zunächst *bewußter* spüren und daraus Fragen an sich stellen. Wählen Sie aus untenstehendem Text Ihre Sätze selbst aus.

»Meine Ruhe wird immer tiefer...
Ich spüre Ruhe und Geborgenheit in mir...
Ich fühle mich für mein Befinden verantwortlich...
Ich trage mich selbst...

Ich frage mich ehrlich über mich selbst:
Was erwarte ich von meinem Leben?...

Was erwarte ich von meiner Tätigkeit?…
Was erwarte ich von meinen Beziehungen?…
Fliehe ich, ohne es zu merken?…
Lenke ich von mir ab?…
Erwarte ich von außen etwas, was ich mir selbst nicht gebe?…
Mache ich andere für etwas verantwortlich, was ich mir selbst geben muß?…
Im Falle, daß ich mich ungerecht behandelt fühle:
Habe ich es selbst verursacht?…

Welche Ziele habe ich?…
Ich stelle mir mein Wunschziel vor…
Anstatt illusionären Luftschlössern nachzuhängen, lasse ich konkrete Wunschträume aufkommen…
Ich verwirkliche sie durch die Kraft meiner Gedanken…
Ich unternehme etwas in Richtung Verwirklichung…

Ich sehe mein Ziel und spüre meine Kraft…
Ich realisiere das Ziel aus *eigener* Kraft…
Ich bin für mich verantwortlich…
Ich ruhe in mir selbst…
Ich fühle mich stark und zuversichtlich…«

Vermeintliche Irrwege
können sinnvolle Umwege sein

Je länger Damaris und ich Gespräche führten, desto mehr wunderte sie sich darüber, daß es ihr gelungen war, ihren eingeschlagenen Weg zu gehen, denn sie war nicht nur durch Selbstzweifel befangen, sondern hatte sich auch von ihrer Umgebung negativ manipulieren lassen. Sie erzählte mir aus ihrer als »hoffnungslos« diagnostizierten Lebensgeschichte weiter:

»Ich stamme aus keinem Akademikerhaus. Es war mir nicht bekannt, was der übliche Werdegang einer Doktorandenlaufbahn ist. Ich ging dabei von der Vorstellung aus, daß der Doktorand sich ein Konzept erarbeitet und dies einem Professor vorlegt. Die Wirklichkeit sah für mich ganz anders aus: An den in Frage kommenden Instituten der Universität bestanden fixe Projekte, welche den Assistenten zur Realisierung angeboten wurden. Diese Arbeiten konnten im Rahmen einer Doktorarbeit erfolgen. Ahnungslos stellte ich mein Konzept verschiedenen Professoren vor. Sie rieten mir, mich an eine andere Fakultät zu wenden. Ich sah den Sinn ein und handelte dementsprechend.

Nach vielen fruchtlosen Bemühungen erklärte sich ein Professor bereit, meine Studie zu betreuen und mein Doktorvater zu werden. Hurra – es bedurfte nur noch des formellen Schrittes der Delegation von meiner an seine Fakultät! Ich hatte keine Bedenken, denn man hatte mir von kompetenter Seite zu diesem Vorgehen geraten.

Vor der Fakultätsabstimmung teilte mir der Dekan mit, daß, wenn ich an dieser Universität auf keine Bereitschaft stieße, ich auf kein Entgegenkommen einer andern Hochschule hoffen dürfe. Außer Landes sei man noch weniger interessiert daran, und zudem hätte ich die Lizentiatsexamen an der betreffenden Universität zu wiederholen. Diese letzte Aussage setzte mich in Panik. Nie würde ich meine Examen wiederholen, denn die Angst saß mir noch zu sehr in den Knochen.

Die Fakultät war zur Delegation nicht gewillt. Begründet wurde der Entscheid nicht. Er war einfach so … Er war definitiv.

Zwei Tage danach lag ich auf der Intensivstation.

Ich hatte in meiner Verzweiflung keinen Selbstmordversuch gemacht, sondern aus medizinisch unerklärlichen Gründen war mein Stoffwechsel dermaßen entgleist, daß ich im Koma lag. Die Ärzte waren ratlos.

Zu jenem Zeitpunkt wäre mir der Tod ›willkommen‹ gewesen, denn ich fühlte mich meines Lebensziels beraubt. Mein mühsam eingeschlagener und begangener Weg versandete sang- und klanglos … Ich war wehrlos.

Ich hatte schon eine zu steinige Strecke zurückgelegt, als daß ich mich damit abgefunden hätte. Wo blieb meine Hartnäckigkeit, die mir mein Leben schon so oft schwer gemacht hatte, mit der ich aber bis jetzt auch meine gesteckten Ziele erreicht hatte?

Meine Mutter und liebe Freunde holten mich ins Alltagsleben zurück. Schlafwandlerisch verbrachte ich die nächsten Monate.

Vier Monate nach meiner Erkrankung schrieb ich an den Autor eines Buches, das von meinem Dissertationsthema handelte und mich sehr beeindruckt hatte. Er antwortete mir und munterte mich auf, ihm mein Konzept zu schicken. Ich tat es. Als Entgegnung erhielt ich das Angebot, an seiner Universität (außer Landes) zu promovieren.

Die Tatsache, daß ich auf diesem Umweg an internationalen Kongressen aktiv teilnehmen konnte, war für mich eine Bestätigung, daß Umwege nicht Irrwege sein müssen.«

Psychotherapeutische Betrachtung und Leitfäden

Ich bin oft erschüttert, wenn ich die persönlichen Schicksale von körperlich Schwerkranken (unheilbar?) erfahre. Es klingt oft, als hätte der Kranke sich unbewußt auf das Ende (Tod) eingestellt. Die Erkrankung von Damaris wirft die Frage nach unbewußtem Suizid auf. Auch in der psychosomatischen Krebsforschung stellt sich diese Frage. Es geht nicht darum, der Psyche die Ursache zuzuschieben. Es geht vielmehr darum, daß sowohl Gesundheit als auch Krankheit ganzheitlich betrachtet werden. Es gibt Krankheitszustände, in denen man nicht klären kann, ob das Huhn oder das Ei zuerst existierte, d. h., ob seelisches oder körperliches Leiden zuerst war.

Umwege können Chancen sein, für die wir uns verschließen, wenn wir den Anspruch erheben, ihren Sinn in der Aktualität verstehen zu wollen. Wie im Zusam-

menhang mit *Ängsten und Schwächen diskutiert worden ist, gilt auch hier, sich zu überlegen, was uns Umwege Positives gebracht haben. Was hat der Umweg zum Beispiel Damaris Positives gebracht? Einerseits den Glauben daran, daß eine hoffnungslose Situation nicht ausweglos bleiben muß, andererseits, daß der Umweg seine Berechtigung hatte, sie dadurch mit Menschen zusammenkam, die ihre Fähigkeiten förderten, bei denen sie sich geachtet fühlte. Wir unterschätzen, daß wir auf positive Resonanz angewiesen sind.* Eigene Wertschätzung *ist unbedingte Basis,* doch Reaktionen von außen verstärken *zusätzlich.*

In der Aktualität einer widrigen, schwierigen Lebenslage dürfen wir nicht nach Erklärung und Sinn suchen, verstehen wollen, wozu sie sein müsse, sondern lernen, uns darauf zu verlassen, daß sich der Sinn später ergeben werde.

Übung

Thematik: Sie verzichten darauf, Ihr Schicksal im aktuellen Augenblick verstehen zu wollen, und lernen vertrauen, daß sich der Sinn ergeben werde. Letzteres fällt Ihnen schwer, weil Sie schon als Kind gelernt haben, daß man mit Willensanstrengung alles in den Griff bekomme.

Erinnern Sie sich an irgendeine Situation in Ihrem Leben, die für Sie schwer war, die sich jedoch später als sinnvoll entpuppt hat. Wählen Sie aus untenstehendem Text Ihre Sätze selbst aus.

»Meine Ruhe wird immer tiefer…
Aus meiner Ruhe strömt Sicherheit…
Sinnlos schwer Erscheinendes (Ihre konkrete Erinne-
rung) hat sich im nachhinein als fruchtbar erwiesen…
Glück wird durch den Wechsel von Steigen und Fallen
erlebt…
Wo Schatten ist, ist auch Licht…
Wo Licht ist, fällt auch Schatten…

Ich bin geschützt durch meine Ruhe…
In mir strahlen Sicherheit und Geborgenheit…
Ich fühle mich stark und zuversichtlich…«

Positive Aspekte von Krankheit

Die Krankheit von Damaris war in unseren Sitzungen
oft das Gesprächsthema. Während der ersten Zeit unserer Begegnungen waren es vorwiegend Probleme und
Schwierigkeiten. Mehr und mehr erkannte meine Klien-
tin darin aber auch Positives:

»Soweit ich mich in meine Kindheit zurückerinnern
kann, litt ich unter meinem Molligsein, unter meiner
körperlichen Erscheinung. Einerseits konnte ich meinen
Körper nicht ausstehen, andererseits bereitete er mir Beschwerden, denn ich hatte eine chronische Gelbsucht.

Den Höhepunkt an Ablehnung erhielt mein Körper,
als ich 18 Jahre alt war: Auf einem Schulausflug standen

wir Schüler Schlange, um auf das Essen zu warten. Ein Lehrer sagte so laut, daß alle es hören konnten: ›Ruth sieht aus wie die Hungersnot und Damaris, als ob sie sie verursacht hätte.‹ Ich hätte im Erdboden verschwinden mögen! ...

Meine Kleidung glich damals der einer Nonne. Bemühungen meiner Mutter, mich lebensfroher zu kleiden, prallten an mir erfolglos ab. Ich empfand meinen Körper als viel, viel älter, als ich ihn heute erlebe. Er war für mich ein notwendiges Übel, das ich lieblos und vernachlässigend behandelte. Meine Erkrankung, die im Zusammenhang mit meiner Dissertation auftrat, zwang mich, mich ihm vermehrt zuzuwenden und vor allem auch mein Eßverhalten zu überdenken. Ich begann anders zu essen, lernte besser essen und verlor viel an Gewicht. Endlich konnte ich mich in meiner Haut wohl fühlen, konnte ich mich mit meinem Körper identifizieren. Ich *war* ihn, hatte ihn *nicht mehr* als notwendiges *Übel*. Zum ersten Mal spürte ich ihn *bewußt angenehm* und mochte ihn. Ich konnte Treppen steigen, ohne wie bisher nach Atem zu schöpfen, weil ich 20 Kilo zu viel mit mir herumgeschleppt hatte. Ich fühle mich heute als kranke Frau beschwingter als mit 16 Jahren. Dieser Aspekt der Krankheit macht mich oft glücklich.

Etwas anderes Positives, das sie mir gebracht hat, ist das Genießen von Speisen: Was ich früher gedankenlos in mich hineinaß, ist mir zum Festessen geworden. Heute ist mir Essen ein Genuß, eine der Lebensfreuden, im Gegensatz zu früher, als ich wahllos essen konnte, als es entweder lebenserhaltende Notwendigkeit oder Trost war, der mein Dicksein verschlimmerte. Weil ich dick war, mußte ich mich mit Essen trösten, denn ich war traurig über meine Erscheinung ...«

Psychotherapeutische Betrachtung und Leitfäden

Haben Sie sich auch schon dabei ertappt, wie Sie gierig etwas aßen oder tranken, sich danach übel oder träge gefühlt und erst dann realisiert haben, daß Ihre Gier aus einer unbehaglichen Stimmung entstanden war? Mochten Sie dann Ihren Körper?

Es ist verständlich, daß Damaris in ihrer Depression und Ablehnung ihrer Existenz auch ihren Körper ablehnen mußte. Ihr Molligsein war nur die Oberfläche einer tiefliegenden Problematik. In solchen Situationen sagen Sie, es sei Ihnen in Ihrer Haut nicht wohl. Damaris äußert sich auch über die zweite Haut, ihre Kleidung, deren Auswirkung wir oft unterschätzen. Es kann in einer trostlosen Stimmung helfen, wenn Sie sich gerade dann aufraffen, sich und Ihre Kleidung zu pflegen.

Haben Sie schon eine Krankheit erlebt, durch die Sie Ihrem Körper nähergekommen sind? Haben Sie wie Damaris sich mit ihm besser identifiziert, besser auf seine Bedürfnisse geachtet und ihn vernünftig ernährt? Haben Sie es beibehalten oder vergessen? ...

Sind Sie auch schon an Grenzen gestoßen, an denen

Sie sich fragten, ob es sie »brauchte«, um etwas eher zu schätzen? Ich denke dabei an Situationen wie:

1. *Krankheit: Müssen wir Krankheit erleben, bevor wir Gesundheit schätzen lernen?*
2. *Lebensstandard: Ein Wohlhabender betont, daß er diesen Lebensstandard nicht brauche. Bevor er ihn hatte, lebte er in der Vorstellung, daß er ihn glücklich mache. Heute sehnt sich der »Glückliche« nach seinem einfachen Leben zurück.*
3. *Sympathie: Ein Mensch hat uns verlassen. Erst bei seiner Abwesenheit realisieren wir, daß er uns fehlt.*

Wie lange dauert eine neurovegetative Störung? Betroffene erwarten oft, daß das Symptom verschwinde, wenn sich eine Funktion (Zuwendung erhalten, wenn man an Migräne leidet) erübrigt habe. So, wie sich ein krankmachendes Verhalten über Jahre erstreckt hat, so braucht es auch lange, um wieder gelöscht zu werden. Bei jahre-, oft jahrzehntelanger Vernachlässigung des Körpers und der Seele dürfen wir nicht erwarten, daß Erkennen allein genüge, um innerhalb von Wochen das seelisch-körperliche Gleichgewicht wieder herzustellen.

Was wir auch oft vergessen, ist, daß Krankheit mehrfach bedingt ist. Ein Lungenkrebskranker zum Beispiel hat geraucht, sich im Beruf pausenlos überfordert, war Abgasen ausgesetzt, empfand sein Leben als sinnlos. Was hat den Krebs ausgelöst? Suchen Sie bei einer Erkrankung nie nach einer Ursache.

Übung

Thematik: Sie haben an einer Krankheit gelitten oder tun es noch immer. Überlegen Sie sich, was sie Ihnen an Bewußtwerdung vermittelt hat. Haben Sie dadurch erkannt, wie uneinfühlsam Sie mit Ihrem Körper umgehen? Sind Sie sich eines ungesunden Lebensstils bewußt geworden? Hat sie Ihnen Klarheit in zwischenmenschlichen Kontakten gebracht (Erfahrungen von Fallengelassen- bzw. Umsorgtwerden)? Wählen Sie aus untenstehendem Text Ihre Sätze.

»Meine Ruhe wird immer tiefer ...
Ich spüre meinen Körper wohlig entspannt ...

Ich konzentriere mich auf die kranke (genesene)
Körperstelle ...
Ich spüre sie intensiv ...
Ich schiebe den Gedanken an sie nicht weg, weil sie
mir unangenehm oder fremd wäre ...
Ich stelle mich zu ihr verständnisvoll und positiv ein ...
Ich erlebe sie vertrauter ...
Ich lerne umdenken, falls mich die Erfahrung mit
Schwerem vor Zukünftigem voreingenommen hat ...
Heute kann ich damit umgehen, weil ich vor Unbe-
kanntem nicht mehr zurückschrecken muß ...
Ich kann mir selbst helfen ...
Ich fühle mich in mir geborgen und sicher ...«

Anders als vorgestellt, na und?

Ich habe mit Damaris über heutige Zukunftsvorstellungen gesprochen. Dabei erzählte sie mir auch, welche Vorstellungen sie früher gehabt hatte, welche Lebensziele sich in Luft aufgelöst haben, ohne daß sie darüber traurig sei:

»Ich habe mir mein Leben als Erwachsene in meiner Jugend anders vorgestellt. Heute glaube ich, daß Wünsche und Pläne erfüllt werden, wenn ich mir deren Verwirklichung zutraue. Der Verlauf meiner endogenen Depression veranlaßt mich zu dieser Aussage.

Wie hatte ich mir meine Zukunft vorgestellt?

Ich war ein kerngesundes Kind. Ich wußte, daß ich studieren würde, daß ich mit einem Partner gemeinsam einen Beruf ausüben, eine Familie gründen und auf dem Land leben würde. Wie sieht mein Leben jetzt aus? Nach meinem Studium bin ich erkrankt. Ich lehne meine Krankheit heute noch so ab, daß es mir schwer gelingt, darauf zu vertrauen, daß man mich unabhängig von ihr achten und lieben kann. Mein Körper ist manchmal mein Sündenbock dafür, weshalb ich weder einen Partner noch Kinder habe.

Ich habe die ersten 20 Jahre mit der Überlegung ververbracht: ›Wenn ich dies oder jenes erreicht habe, dann werde ich ...‹ oder: ›Wenn sich dies oder jenes ereignen wird, dann ...‹ Ich habe den Augenblick nicht genießen können. Ich war auf *ständiger Flucht* vor der Gegenwart. Irgendwelche Traumschlösser oder Existenzängste hielten mich in Bann. Ich versuchte im stillen, in der Phantasie Illusion zur Realität zu machen.

Früher hätte ich nie vermutet, daß mich meine berufliche Tätigkeit erfüllen könnte, ich mich am Sonntagabend auf die kommende Woche freue und morgens angstfrei aufwache. In schwierigen Augenblicken denke ich an die entmutigenden Prognosen und das, was daraus geworden ist. Mein Leben ist anders geworden. Depression ist Vergangenheit. Ich bin nicht problemloser, im Gegenteil, aber mein Leben empfinde ich von Tag zu Tag reicher, bewußter, *intensiver.*«

Psychotherapeutische Betrachtung und Leitfäden

Sie haben sich seit Tagen auf die Abmachung des heutigen Abends gefreut. Jetzt sind Sie enttäuscht. Warum? Sie haben sich den Verlauf anders vorgestellt, als er war. Schwerwiegend wird das Anders-als-vorgestellt bei langfristigen Zielen. Wir stilisieren selbstverständlich Erreichbares hoch. Sie denken zum Beispiel: »Wenn ich diese Prüfung bestehen würde, wäre ich der glücklichste Mensch.« Wir halten an überbewerteten Zielen fest. (100 000 andere bestehen die Prüfung. Sind dies alles Genies?) Wir verwirklichen sie nicht, weil wir es uns nicht zutrauen. Folge davon ist, daß wir die Gegenwart nicht leben, weil unser Bewußtsein in die Zukunft, die Vergangenheit oder in Luftschlösser flieht.

Stellen Sie sich etwas an Ihnen vor, das Ihnen nicht ge-

fällt. Erwarten Sie, daß Ihre Umgebung daran Gefallen findet oder es akzeptiert, wenn Sie selbst es verurteilen? Ein Beispiel dafür ist Damaris' Haltung ihrer Krankheit gegenüber. Sie erlebt sich als Zumutung, verhält sich dementsprechend befangen, bis sie wirklich als Spielverderber erlebt wird, weil sie durch ihre Krankheit für Gesunde Selbstverständliches nicht mitmachen kann. Jeder strahlt die eigene Haltung, sein Verhalten zu sich auf seine Umgebung aus. Dementsprechend strahlt diese zurück.

Wie oft fragen Sie sich täglich, was wohl die andern denken, wenn Sie…? Ich greife absichtlich die Beeinflussung von außen nochmals auf wegen der Wunschvorstellungen, die unerfüllt bleiben. Sie möchten spontan auf einen Menschen zugehen, tun es aber nicht, weil es sich nicht gehört. So was tut man nicht. Wir sichern uns am Normmaßstab ab. Solange wir wertend vergleichen, nach der Norm suchen, spüren wir uns wenig oder gar nicht. Die Norm eines jeden ist das, was ihn bei und in sich wohl fühlen läßt.

Übung

Thematik: Etwas, was für Sie wichtig war und worauf Sie sich gefreut haben, hat sich anders ergeben, als Sie sich vorgestellt hatten. Sie sind enttäuscht. Was nun? Wählen Sie sich aus untenstehendem Text die für Sie zutreffenden Sätze aus.

»Meine Ruhe wird immer tiefer…
Ich sehe mich in einem Spiegel…

Ich sehe etwas, was ich an meiner Erscheinung anders möchte …
Ich sehe meine reale und meine Wunscherscheinung vor mir …
Ich bleibe dabei ruhig und entspannt …

Was bewirkt es in mir, wenn ein geliebter Mensch mein Aussehen anders will? …
Was bewirke ich bei einem andern, den ich anders will? …
Was bringt mir der Gedanke, anders aussehen zu wollen? …

Meine Erscheinung ist mir vertraut …
Diese Vertrautheit vermittelt Geborgenheit …
Ich akzeptiere meine Erscheinung, wie sie ist …
Ich fühle mich in ihr wohl und sicher …

Ich spüre, daß Festhalten an Vorstellungen der Nährboden für Unzufriedenheit ist …
Ich verzichte auf *fixierte* Vorstellungen …
Bei negativer Erwartungshaltung (Vorstellung, ›es‹ nicht zu schaffen) lerne ich innerlich umzudenken:
Ich fixiere mich nicht mehr auf negativ …
Es zieht Negatives nur an …
Ich lasse innerlich los …
Ich bin offen für positiv Unerwartetes …
Ich nehme es froh (nicht argwöhnisch, nach Absicht suchend) an …

Wenn etwas Erhofftes nicht eintritt, orientiere ich mich
neu ...
Ich nehme jede – auch die unangenehme – Situation
an, doch resigniere ich nicht, weil *ich* zu jeder *beitra-*
gen kann ...

Ich fühle mich in mir ruhig und behaglich ...
Ich fühle mich geborgen und sicher ... «

2   »Ausweglose« Situationen sind nicht ausweglos

Fallgeschichten

Täglich erzählen mir in der Praxis Menschen, wie sie sich durch Aussagen anderer entmutigen lassen. *Versteckt* fliehen die resigniert Gestimmten in Traumschlösser oder in eine Sucht; ihren *äußern* Alltag leben sie stumpf, hoffnungslos. Ich will keine Illusionen wecken, sondern Hoffnung und Zuversicht.

In diesem Sinne beschreibe ich zwei Fallgeschichten (Namen und Daten sind geändert):

Herr Meier, vierzig Jahre alt, geschieden, hat während der letzten drei Jahre unter heftigen Herzrhythmusstörungen und Übelkeit gelitten. Medizinische Abklärungen ergaben keinen organischen Befund. Der Arzt legte dem Patienten nahe, einen Psychiater zu konsultieren, was Herr Meier auch tat. Zielsetzung der Behandlung war, daß das Leben wieder erträglicher werden solle, auf Heilung dürfe er nicht hoffen. So berichtete mir Herr Meier. Er lehnte sich auf: »Ich will, daß es mir wieder gutgeht.«

Die Herzrhythmusstörungen sind erstmals in der Kindheit aufgetreten. Sie wurden durch eine Angst vor dem wütenden Vater ausgelöst. Es wurde zur Gewohnheit, daß Herr Meier, wenn er nach Hause kam, Herzklopfen verspürte, geplagt von der bangen Frage, in welchem Zustand er den alkoholisierten Vater antreffen werde.

Als der Patient zu mir kam, war er schon zehn Jahre latent depressiv gewesen. Er hatte oft an Selbstmord gedacht. Er fühlte sich vereinsamt. Er hatte den Schock einer Scheidung, das Verlassenwordensein noch nicht überwinden, geschweige denn verarbeiten können. Er war der Überzeugung, daß sein Schicksal der Einsamkeit unveränderbar sei. Er sehnte sich nach Liebesbeziehungen, wehrte jedoch alle Annäherungen von Frauen ab, besonders jener, die ihm gefielen. Er hatte panische Angst, wieder verlassen zu werden.

Die Beziehung zum Elternhaus war problematisch. Er war für Wochen depressiv, wenn er die Familie besucht hatte. Sie erpreßte und überforderte ihn. Es wurde an sein übertriebenes Pflicht- und Verantwortungsgefühl appelliert.

Zu dieser Familienkonstellation kam hinzu, daß er eine körperlich behinderte Tochter hatte, für deren Krankheit er sich mitschuldig fühlte. Der Gedanke an die Tochter war dermaßen mit Schuldgefühlen verknüpft, daß er sich oft selbst bestrafte und daran festhielt, daß ihn das Schicksal deswegen strafe.

Wir einigten uns auf wöchentliche, einstündige Sitzungen. Unsere Ziele waren:

1. Veränderung des Kontaktes zum Elternhaus (Abgrenzung).
2. Verarbeitung des Scheidungsschockes, verbunden mit dem Hinterfragen seiner bis anhin erlebten Liebesbeziehungen.
3. Klären der Ursache seiner Schuldgefühle gegenüber der Tochter und seiner Selbstbestrafungstendenz.

Therapieverlauf:

Herr Meier kam eineinhalb Jahre lang wöchentlich, dann ein Jahr monatlich, dann in größeren Abständen zu den Sitzungen. Wegen seiner psychosomatischen Beschwerden arbeiteten wir mit autogenem Training. Wir führten analytische, gegenwartsbezogene Gespräche. Ich wandte auch verhaltenstherapeutische Methoden an, indem ich ihn Beobachtungen, Listen über die Häufigkeit und die Umstände der Störungen erstellen ließ. Ich stellte ihm Fragen über seine Wiederholungsmechanismen in Liebesbeziehungen. Er begann mehr und mehr wahrzunehmen, wie lieb- und verständnislos er zu sich selbst war. Sich ganzheitlich durch autogenes Training in der eigenen Haut wohl zu fühlen hatte auch zur Folge, daß er den Mut fand, sich gegen seine Verwandtschaft abzugrenzen, *ohne* deswegen unter Schuldgefühlen zu leiden. Es gelang ihm, seine Selbstbestrafung abzulegen.

Wir fragten nach seiner Bindungsangst. Warum lehnte er Frauen ab, die ihm gefielen, und ging Abenteuer mit gebundenen Frauen ein, Abenteuer, nach denen er regelmäßig depressiv abstürzte?

»Kleine« Ereignisse konnten bei Herrn Meier so große Stimmungsschwankungen verursachen, daß er an Suizid dachte. Einerseits wollte ich ihn mit den Wurzeln seiner Probleme konfrontieren, andererseits durfte ich ihn in Anbetracht der Suizidpläne durch das Aufwühlen unangenehmer Erinnerungen nicht zu sehr belasten. (Als Therapeut wünscht man sich, den Klienten nach jeder Sitzung ermutigt verabschieden zu können, was natürlich nicht immer gelingt.)

Nach einem Jahr fühlte er sich zum ersten Mal besser, nicht nur erträglicher. Er konnte sich wieder freuen. Zur gleichen Zeit wurde bei ihm ein Tumor diagnostiziert. Er mußte operiert werden. Der Krebsverdacht bestätigte sich nicht. Herr Meier wurde allgemein aktiver. Er besuchte einen Club für Alleinstehende und reiste auch wieder.

Nach drei Jahren war seine Beziehung zu sich so positiv, daß er eine stabile Liebesbeziehung eingehen konnte. Noch nie hatte er eine solche mit gemeinsamen Interessen und Gefühlen erlebt; hatte er auch nicht gekonnt, denn er hatte sich in Beziehungen zu sehr zurückgestellt und angepaßt. Während der ersten Verliebtheitsphase war es nötig, daß er mich wieder öfter konsultierte, denn Mißverständnisse als Folge noch mangelnder Selbstsicherheit konnten die Beziehung gefährden. Manchmal verlor er aus emotionalem Engagement den Überblick, doch gelang es ihm, das in den Gesprächen Aufgearbeitete im Alltag umzusetzen, trotz der Macht der Gewohnheit ...

Er hatte eine feinfühlende Partnerin gefunden. Selbstmordgedanken wurden seltener. Heute geht es ihm gut. Die psychosomatischen Störungen treten nicht mehr auf.

Nachfolgend eine Übung, wie ich sie Herrn Meier vermittelte. Er übte sie vor Situationen, die er sich wünschte, vor denen er sich aber fürchtete. In vorliegendem Beispiel handelte es sich um Club-Abende. Er war befangen durch sein Gefühl, nicht zu genügen, zu versagen, und verunmöglichte sich damit Kontaktnahme.

Phase I:

»Meine Ruhe wird immer tiefer ...
In mir entwickelt sich ein Bild:
Ich bin zu Hause und bereite mich für den Abend vor ...
Ich freue mich auf den Abend ...
Bedenken befallen mich ...
Ich pole diese Gedanken um:
Ich erhebe keine Ansprüche, weder an mich selbst noch an den Abend ...
Ich lasse ihn wie ein Geschenk an mich herankommen ...
Geschenke sind nicht mit Erwartung verknüpft ...
Ich spüre mich als interessanten, liebenswerten, attraktiven Mann ...
Ich strahle meine Freude und Begeisterung anziehend nach außen aus ...«

Phase II:

Das Bild, das vorgestellt wird, ist der Angstsituation eine Stufe näher, indem es sich am Anlaß selbst abspielt und Herr Meier dabei versucht, ganz entspannt zu bleiben.

Phase III:

Noch eine Stufe näher: Er befindet sich in Gedanken im Gespräch mit einer Frau, in die er sich verliebt. Er bleibt trotzdem sicher.

Diese Übungen hat er in der Entspanntheit des autogenen Trainings durchgeführt. Selbstverständlich müssen solche Übungen mit analytischen Gesprächen verbunden sein, damit sie nicht als Überredung verstanden oder als Überlistungstaktik mißbraucht werden.

Die zweite Fallgeschichte, die ich beschreibe, handelt von Herrn Müller, sechsundvierzig Jahre alt, verheiratet. Er hat mich konsultiert, nachdem er bei mir einen Kurs in autogenem Training besucht hatte. Der Grund seines Kommens war Resignation in Zusammenhang mit einer Krebserkrankung. Medizinisch war die Krankheit behandelt. Er fühlte sich aber noch immer krebskrank wegen der Strahlungsschäden, die ihn gezwungen hatten, viele seiner Gewohnheiten aufzugeben. Er hatte auch Angst vor Wieder- oder Neuauftreten der Krankheit.

Vor der Erkrankung war er leidenschaftlicher Leicht-athlet gewesen. Weil seine Operationswunden nie ganz heilten, rieten ihm die Ärzte vom Sport ab. Die Leicht-athletik war für Herrn Müller *der* Lebensinhalt gewesen.

Aus Verantwortungsgefühl gegenüber seinen vier Kindern löste er seine zerrüttete Ehe nicht auf, obwohl die Kinder schon in selbständigem Alter waren.

Mit dem Sportverbot fühlte sich Herr Müller seiner Lebensfreude beraubt. Wenn er den Ärzten zu verstehen gab, daß er auf diese Weise nicht bereit sei weiterzule-ben, entgegnete man ihm, daß er für seinen Zustand in Anbetracht der schlechten Prognose nach der Operation dankbar sein müsse.

Therapieverlauf:

Während eines Jahres führten wir wöchentlich ein ein-stündiges Gespräch. Bald fiel mir die extrem negative Haltung von Herrn Müller zu seinem Körper auf. Wenn er von seinem krebsbefallenen Organ sprach, tat er es wie von einem Fremdkörper, manchmal sogar feindlich.

– Wie war seine Beziehung zum Körper vor der Erkran-kung gewesen?
– War die Beziehung zu sich selbst ganzheitlich negativ?
– Hatte er seine wegwerfende Haltung unbewußt auf die Ärzte übertragen? Konnten jene dadurch seinen Leidensdruck nicht erkennen, weil er lächelnd über Schwerwiegendes sprach, als ob es ihn nicht berühre?

– Hat er beim Pflegepersonal und den Ärzten den Eindruck hinterlassen, als leide er wenig, als stände er über der »Sache«? Wurde darum übersehen, welche Konsequenz das Sportverbot für ihn hatte?

Die Vermutung, daß er nicht zu sich stehen könne, traf zu: Bis zum momentanen Zeitpunkt hatte er sich allgemein vernachlässigt. Er hatte sich selbst beschuldigt, sich angeklagt und weder gewagt, für sich zu fordern, noch sich durchzusetzen. Während seines Krankseins drückte sich dies vermehrt aus: Seine Frau ging nicht auf ihn ein, sondern tat sich als Frau eines Krebskranken selbst leid. Sie fand, daß sie zu kurz komme. Er hatte sich in seinem ganzen Leben so zurückgestellt, daß er auch in der Notsituation seiner Krankheit an Zuwendung leer ausging. Sein Manko war so groß, daß sein Lieb- und Wertlosigkeitsgefühl ihm nicht erlaubten, ihn nicht einmal auf die Idee kommen ließen, sich selbst fürsorgend, liebend und verständnisvoll zuzuwenden. Er übernahm wohl Verantwortung für das Wohl anderer, jedoch keine Eigenverantwortung.

In unseren Sitzungen ging es darum, ihm seinen zerstörerischen Umgang mit sich und seinem Körper bewußt zu machen.

Mit Hilfe des autogenen Trainings lernte er seinen Körper positiv erleben; bis jetzt war dies nur durch Sport möglich gewesen. Gleichzeitig suchte ich nach Wegen, mittels deren er dem Körper Wohlbefinden zukommen lassen konnte. Ich empfahl ihm Bäder, Salben,

Tinkturen. Die neue, liebevolle Pflege wirkte sich auf die chronisch entzündeten Wunden erstaunlich aus: Sie heilten.

Wir suchten nach einem Ziel, das ihn freuen und das er verwirklichen konnte. Sein Jugendtraum war, an einem Marathon in Australien teilzunehmen. Durch sein Wiederaktivsein erhielt sein Leben für ihn wieder Inhalt und Sinn, was sich auch auf seine Energie auswirkte. Da er zwanghaft pedantisch war, bestand die Gefahr, daß er sich, wenn er das Körpertraining der Leichtathletik wieder aufnehmen würde, überforderte. Er konnte sich Grenzen schwer eingestehen. Bevor er wieder aktiv ins Training einsteigen konnte, mußte er Geduld und Verständnis für seinen Körper üben, dann erst »durfte« er laufen. In kleinen Schritten bauten wir einen natürlichen, selbstverständlichen Umgang mit ihm selbst auf. Es gelang ihm, auf Rückfälle einzugehen, sich deswegen nicht zu verurteilen, sie nicht zu verdrängen oder die Behandlung aus Enttäuschung verfrüht abzubrechen.

Nach einem Jahr konnte er an dem genannten Marathon teilnehmen. Er hatte sich damit bestätigt, daß er mehr verwirklichen konnte, als er sich selbst und die Außenwelt ihm zugetraut hatten.

Sein vermehrtes Sportengagement bewirkte, daß sich seine Frau von ihm trennte. Gewiß hatte auch er zum Scheitern seiner Ehe wesentlich beigetragen, indem er mit sich selbst nicht hatte umgehen können.

Er lernte eine Frau kennen, mit der er eine intensive Liebesbeziehung leben konnte. In seinem Leben existierten zum ersten Mal zwei Leidenschaften, die sich gegenseitig weder ausschlossen noch negativ berührten.

Die beiden beschriebenen Fallgeschichten sollen jene ermutigen, die spüren, daß sie fachmännische Hilfe brauchten, die aber bisher die Schwelle dazu nicht überschreiten konnten.

3   Wie der Resignation vorbeugen?

Wir alle haben Probleme. Viele fühlen sich ihnen ohnmächtig ausgeliefert und verdrängen sie als ausweglos. Damit wird das Gefühl der Hilf- und Schutzlosigkeit vertieft. Doch auch diese Situationen lassen sich beeinflussen, wenn es auch »nur« die Einstellung zu ihnen ist.

Was uns meistens am Ändern hindert, ist mangelndes Bewußtsein über unseren stillsten, tiefsten und persönlichsten Kern. Vor lauter Aufgaben und Verpflichtungen und dem Verständnis, das wir rundum aufbringen, vergessen wir uns selbst. Wir sind in einen Geschäftigkeitssog verstrickt, der keinen Raum für regelmäßiges Innehalten und Fragen über eigenes Befinden zuläßt. Wir ziehen »bequemes« Verharren in der zur Gewohnheit gewordenen hyperaktiven, im stillen aber leeren Situation vor. Wir argumentieren damit, daß es nun mal so sei. Wir lehnen unbewußt Selbstverantwortung ab und merken nicht, wie wir uns zu unseren eigenen Sklaven machen. Wie oft vertrösten wir uns auf später oder bleiben in Vergangenem hängen. Wenn es neun von zehn andern schlechter geht als mir, ist auch dies keine Begründung dafür, in meinem Unwohlsein zu bleiben. Beispiele sind körperliche Beschwerden wie Kopfschmerzen, Krampfzustände der Verdauungsorgane, Schleier vor den Augen, Schwindel usw., die wir aus Gleichgültigkeit und mangelndem Bewußtsein über uns zur Gewohnheit haben werden lassen.

Wie reagieren Sie auf Schicksalsschläge, die nicht zu Ihrem alltäglichen Unbehagen gehören? Wenn es Ihnen gelingt, an deren Sinn zu glauben, Sie auf den Anspruch verzichten können, sie im Augenblick der Betroffenheit zu verstehen, werden Sie daran wachsen. In solchen Momenten brauchen Sie Geduld, *innere Distanz* (setzt Bewußtheit voraus), Selbstdisziplin und den Mut, immer wieder neu anzufangen.

Dunkelheit wird dort als dunkel erlebt, wo einmal Licht war, denn sonst haben wir keinen vergleichbaren Anhaltspunkt. Wo Schatten ist, muß Licht sein, damit der Schatten überhaupt entstehen kann.

> Wer im Dunkel war
> In der schwarzen Leere
> Ausweglos
> Und wieder lebt
> In dessen Träne spiegelt sich die Sonne ...

Wir werden nie ohne Probleme sein, aber wir können lernen, die *Probleme* zu *haben,* anstatt daß *sie uns* haben.

Durch meine Tätigkeit begegne ich vielen Resignierten. Es sind Menschen, die durch Schicksalsschläge oder durch Beeinflussung von außen in hoffnungslos erscheinende Situationen geraten sind. In diesem Buchteil geht es darum, *unbewußte seelische Mechanismen* zu verdeutlichen, die uns zu Hoffnungs- oder Mutlosigkeit verleiten. Ich denke an Peter, der mit sich wenig anzufangen weiß: Es kommt daher, daß er den *Alltag* zuwenig bewußt *bei sich* verbringt. Die kurze Freizeit am Abend verbringt er konsumierend, mit passiver Haltung (Fernsehen), was meist auch Gedankenlosigkeit bedeutet. Der Nährboden zur negativen Beeinflussung ist damit vorbereitet.

Die nächste Drehung des Teufelskreises betrifft uns alle: Es ist die wenig oder nicht bewußte Aufnahme der Flut negativer Information via Medien wie Aushängeschildern, Gesprächen auf der Straße, im Café. Würden wir den gesamten Informationsfluß in erbauliche und Resignation weckende Komponenten aufteilen, könnten wir uns auf eine Liste beschränken…

Im vorangehenden Buchteil wurden Depressionszustände geschildert. In diesem begegnen wir *Resignation,* wie wir ihr im Alltag auf subtile, *unbewußte Art ausgesetzt* sind. Durch Bewußtwerdung können wir uns gegen den Resignationsvirus immun machen. Virus in diesem Sinn kann Fernsehverhalten sein. Nicht das Fernsehen, sondern wie ich damit umgehe, ist die Gefahr. Viele kehren so erschöpft von der Arbeit nach Hause zurück, daß nur ein Bedürfnis vorherrscht: abschalten und einschalten. Sie nehmen nur das Abschalten vom Beruf, jedoch die Manipulationsbereitschaft durch das Einschalten nicht wahr. Schalten wir gedankenlos ab, infizieren wir uns mit dem, was an uns herangetragen wird. Ich denke dabei an aufklärende Reportagen über Krankheiten, welche oft das Gegenteil von dem bewirken, was ihr Anliegen wäre: Anstatt den Appell zur Vorsicht, zum Vorbeugen und zu gesunder Angst vor Gefahren zu verstehen, steigern sich viele Leute in die Identifikation, in übersteigerte Ängste, weil sie müde sind; *zu müde* für *nüchterne* Betrachtung. Ihr psychisches Immunsystem ist geschwächt, so daß sie vom Resignationsvirus befallen werden.

Mit den folgenden Kapiteln möchte ich Ihnen Mechanismen im *äußern* Alltags*leben* und *innern* Alltags*denken,* die Resignation mit verursachen, näherbringen.

Resignation, ein ansteckender Virus

»19jährige Mutter tötet ihr Kind.« Wie ist Ihnen, wenn Sie solche Schlagzeilen lesen? Was bringt diese Kommunikation?

Kennen auch Sie das Unbehagen nach einer Begegnung, zu der Sie sich aus irgendwelchen Gründen gezwungen haben? Oder das Gegenteil, daß Sie jemandem unverhofft begegnet sind und sich danach beschwingter fühlten?

C. G. Jungs folgende Worte weisen darauf hin, daß wir uns oft durch äußeres Engagement vor Eigenverantwortung drücken. Er schreibt: »Die großen Ereignisse der Weltgeschichte sind im Grunde genommen von tiefster Belanglosigkeit. Wesentlich ist in letzter Linie nur das subjektive Leben des einzelnen. Dieses allein macht Geschichte, in ihm allein finden alle großen Wandlungen statt... Wir sind in unserem *privatesten* Leben auch *Macher* der Zeit.«

Viele reagieren in einer privaten, beängstigenden Situation mit Flucht. Es steht Ihnen ein Besuch bei einer Person bevor, mit der Sie in Konflikt sind. Ihnen fehlt unbewußt der Mut zur Konfrontation. Sie werden »rein zufällig« krank und müssen absagen. Hier gilt, was im Kapitel »Wer nicht riskiert, gewinnt nicht« diskutiert worden ist. Es handelt sich um die Konfrontation mit ausweglos Erscheinendem, das oft in Angst verpackt ist. Sie befinden sich mit Ihrem Partner in einem langwierigen Konflikt. Sie spüren nur den Schmerz in Ihrer linken Brust und Ihre Angst, Brustkrebs zu haben. Lernen Sie Ihre eigentlichen Probleme und deren Ursachen akzeptieren. Wenn andere es nicht tun oder Sie sogar in der Verdrängung (Resignationsvirus) bestärken, verdrängen *Sie* nicht wieder ins Unbewußte, wo Probleme in versteckter Form via Körpersymptome weiterbelasten.

Fragen Sie sich gleichzeitig, was das Aufgeben eines schwierigen, unangenehmen Tatbestandes Ihnen Positives bringt. Überlegen Sie es, damit es Ihnen leichterfällt, sich damit einzulassen. Ihr Partner wirft Ihnen vor, im Schlafzimmer zu rauchen. Sie sind betroffen. Eigentlich stört Sie Ihre Gewohnheit auch. Das Positive, wenn Sie es aufgeben, ist, daß nicht nur Sie, sondern auch Ihr Partner die frische Luft, die »Atmosphäre« des Schlafzimmers genießt.

Lassen Sie sich nicht davon verleiten, was »man« üblicherweise tut, damit »man« sich ans Unwohlsein gewöhnt.

Übung

Thematik: Je bewußter Sie leben, desto mehr schirmen Sie sich von negativer Beeinflussung ab. *Gleichzeitig* können Sie sich für positive, aufbauende Energie aus der Umgebung (angelacht werden) öffnen. Der vorgeschlagene Weg führt über entspanntes Körpererleben zu innerer Ruhe und Bereitschaft. Wählen Sie sich aus untenstehendem Text Ihre Sätze.

»Meine Ruhe wird immer tiefer…
Ich erlebe tiefe Entspanntheit…
Ich nehme den Herz- und Atemrhythmus wahr…
Ich höre natürlich (ohne ängstliches Horchen) auf meinen Körper…
Ich gehe vermehrt auf seine Bedürfnisse ein…

Ich schütze mich gegen Resignation, indem ich mich frage:

Was bringt es, sich mögliche Hindernisse auszumalen?…
mögliche Schwierigkeiten auszutüfteln?…
negative Nachricht weiterzuverbreiten?…
negative Nachricht zu konsumieren?…
Krisen zu befürchten?…

Im gleichen Maße, wie ich Vertrauen in meinen Körper finde, wächst Zutrauen in meine geistigen Fähigkeiten...
Was mich ›unnötig‹ bedrückt, schreibe ich in den Sand...
Der Wind verweht es...
Die Wellen spülen es weg...«

Warten auf Godot

»Es ist nicht das Wesentliche, was man aus dem Menschen gemacht hat, sondern was *er* aus dem *macht,* was man aus ihm gemacht hat.«　　　　*Sartre*

Probleme sind Zustände, die von unseren Vorstellungen abweichen. Wie können wir auf fixe Vorstellungen und Erwartungen verzichten, um auf diese Weise weniger Opfer von Enttäuschungen und damit Problemen zu werden?

Wir alle erfahren scheinbar ausweglose Situationen, die uns prägen. Sie haben ihren Sinn und ihre Berechtigung. Wir wissen im jeweiligen verzweifelten Augenblick nicht, wozu die betreffende Dunkelheit fruchtbar ist. Alltägliche Beispiele sind Verlusterlebnisse (z. B. Kündigungen), welche uns lehren können, uns zu wehren und damit das Gefühl innerer Stärke zu gewinnen. Immer wieder lehnen wir uns auf: »Hört es (Lebenskampf) denn nie auf?« Trotz der Einsicht, daß das Leben nie problemlos sein wird, trachten wir in der Phantasie danach, einen Zustand zu erreichen, der mit absoluter Sicherheit verbunden sei. Wir warten auf *den* Augenblick, warten auf Godot. Solches Warten ist fruchtlos und zeitraubend. Mit *diesem* Warten verunmöglichen wir uns, den Augenblick zu leben, ihn zu genießen. Wir werden verschlossener, geistig enger, was wir in der Alltagssprache als etabliert, kleinkariert bezeichnen.

Die Rätsel, welche hinter Grenzsituationen wie Krankheit, Scheidung, beruflicher Veränderung (Kündigung) stehen, lösen sich oft erst nach Jahren. Die Erinnerung an diese Lösungen ist in schweren Augenblicken wichtig: Sie kann uns zur momentanen Verzweiflung innere Distanz vermitteln. Wir haben das letzte Mal auch überlebt. Obwohl wir im betreffenden Moment nicht wissen, wozu es gut sein soll, wissen wir aus Lebenserfahrung, daß es seinen Sinn hat.

Unter dem eigenen Joch (Leistungsdruck)

»Man überfordert mich rundum.« Wirklich? Warum haben Sie sich in die Situation manövriert, in der man Sie immer überfordert? Weil Sie zu hohe Erwartungen an sich haben und glauben, daß die andern erwarten, daß Sie ...

Ohne uns dessen bewußt zu sein, unterjochen wir uns selbst. Viele ahnen es seit langem, aber die Erkenntnis gelangt nur intellektuell in ihr Bewußtsein.

Wir konzentrieren uns auf außen, auf den *Vergleich* und das *Messen* an Normen. Wir greifen nach dem Üblichen, wollen uns an *der* Norm orientieren und vergessen dabei, daß das Übliche für uns nicht zwangsläufig das Richtige sein muß. Dazu ein Beispiel aus der Natur: Der Kaktus gedeiht in trockenem Sand. Wenn wir Schilf in die gleiche trockene Erde setzen, wird er verdursten. Kaktus und Schilf haben gemeinsam, daß sie Pflanzen sind, aber sie lassen sich nicht am selben Standort ziehen. Was für jemand andern richtig ist, muß für Sie nicht richtig sein. Wenn Sie Ihre Wahrheit spüren, werden Sie Eigenverantwortung für Ihr Wohl vermehrt zulassen können und sich damit vom eigenen Druck im Nacken befreien.

Bedeutung und Auswirkung von Eigenverantwortung werden oft verkannt. Ein Beispiel dafür ist blinde Liebe: Klara ist in die eigene Verliebtheit, nicht in Rolf verliebt. Sie blendet sich selbst, indem sie Sinn und Inhalt ihres Lebens vom Zusammensein mit Rolf abhängig macht oder damit gleichsetzt. Daraus entstehen Verlassenheits- und Zukunftsängste. In Wirklichkeit bestanden sie schon vorher, aber Klara hat sie verdrängt.

Eigenverantwortung übernehmen heißt *aktiv* sein. Es hat zur Konsequenz, daß wir weniger von außen geprägt und von innen heraus freier werden. Wir beenden das Warten auf die *Veränderung von außen*. Eigenverantwortung bringt ein Wohlbefinden mit sich, das in einer natürlichen, *selbstverständlichen* Beziehung zu uns selbst wurzelt.

Wie steht es um Ihre Beziehung zu sich? Halten Sie beim Lesen inne.

Das Beispiel, wie Sie sich für sich selbst oder wie Sie sich für andere wehren, kann Ihnen eine Antwort sein. Gehen wir von Reklamationen aus: Während Sie sich für einen andern im Restaurant beschweren oder ihn dazu ermutigen, lohnt es sich für Ihr Essen nicht oder Sie warten unbewußt darauf, daß es ein anderer für Sie tue. Wie oft fühlen Sie sich unglücklich, schlecht oder einsam und warten darauf, daß Sie jemand herausreiße? Dieses Leiden bürden Sie sich selbst auf.

Viele engagieren sich für sich selbst nie in dem Ausmaß, wie sie es für andere tun. »Du sollst deinen Nächsten lieben wie dich selbst« wird oft mit dem Gedanken verbunden: »Ich muß aufpassen, daß ich nicht selbstgefällig oder selbstmitleidig werde.« Der ursprüngliche Sinn wird verwischt, »wie« ist zu »mehr als« geworden.

Woher kommt die »Gleichgültigkeit« uns selbst gegenüber, die auch Beispiel eines eigenen Jochs ist?

Zu allem, womit wir in Berührung kommen, haben wir eine Einstellung. Diese ist immer wandelbar. Vor wenigen Tagen sind mir im Hotel, in welchem ich mich eben aufhielt, zwei Frauen aufgefallen. Die eine strahlte immer vergnügt und genoß offensichtlich die Atmosphäre des Bedientwerdens. Sie war auf schwerste Weise gehbehindert, das Haus jedoch mit unumgehbaren Treppen ausstaffiert. Die andere Frau machte einen gesunden Eindruck. Ihr Gesicht wirkte von Tag zu Tag griesgrämiger. Es liegt in der Freiheit eines jeden, seinen

Blickwinkel zu verändern. Ich denke an die Überwindung von Angst vor Unbekanntem; es ist unangenehm, sich mit Angst zu konfrontieren. Tun wir es trotzdem, erleben wir dasselbe wie als Kind, wenn wir im dunklen Raum Angst hatten und ein Licht anschalteten: Die Angst weicht.

Schicksalsschläge lassen sich nicht ungeschehen machen, aber wir können die unterjochende *Einstellung dazu ändern.*

Die Macht der Gewohnheit

Viele meiner Kursteilnehmer im autogenen Training kommen wegen Migräne, Magenkrämpfen, Herzklopfen oder -stechen, Schlaflosigkeit, Konzentrationsstörungen, nervöser Beschwerden im weitesten Sinne. Die meisten von ihnen erklären, daß »es« (die Beschwerde) halt vererbt sei. Schon der Vater und die Großmutter hätten darunter gelitten. Ihre Mimik verrät, daß sie sich durch den Kurs Besserung versprechen, daß sie jedoch nicht an Heilung glauben.

In der psychosomatischen Krebsforschung wird die Meinung vertreten, daß nicht nur eine vom Körper bedingte Krankheitsbereitschaft als vererbt betrachtet werden kann. Die Atmosphäre, in der wir aufwachsen, prägt uns mit. Sie ist mit verantwortlich für den späteren Lebensstil und für Verhaltensweisen, die eine Krankheit wie Krebs mit begünstigen, sogar mit verursachen können. Krebsfördernde Verhaltensweisen wie Rauchen, falsche oder schlechte Ernährungsgewohnheiten, Streßverhalten aufgrund von *Lebenshaltung und -einstellung,* die in der Familie herrschten, werden übernommen bzw. »vererbt«. Dasselbe wie für körperliche Krankheit gilt für psychosomatische Störungen, die durch Atmosphäre, Einstellung, Haltung, Denken, die im Elternhaus herrschten, weitergegeben werden. Seelische und körperliche Störungen oder Krankheiten werden mehr durch Lebenseinstellung erworben, als daß wir uns an die Vorstellung klammern können, daß im Körper einfach eine Veranlagung geschaffen sei. Mit letzterem nehmen wir uns den Mut auf Heilung und geben uns die Möglichkeit, uns der Eigenverantwortung zu entziehen.

Werden Begriffe wie »vererbt« oder »endogen« vorgeschoben und mißbraucht, um sich der unbequemen Forderung des Änderns nicht stellen zu müssen? Warum ziehen wir Beschwerden vor und halten am Unwohlsein fest?

Vielleicht darum: Ändern bedeutet, Gewohntes aufzugeben. Gewohnheit jedoch vermittelt Sicherheit und Geborgenheit, weil die jeweilige Situation oder Handlung vertraut ist. Vertrautheit geben wir nicht auf, weil es Neuanfang bedeuten würde. Neuanfang ist mit Angst verbunden, weil wir uns die ungewohnte Situation nicht zutrauen. Wir haben mit der alten, wohl *unangenehmen* Situation unbewußt die Erfahrung gemacht, daß wir *mit ihr überlebt* haben. *Wie,* das fragen wir uns nicht; wir wissen nur, *daß.*

Anfänge sind schwer, weil wir uns zuwenig zutrauen. Wir fühlen uns einer neuen Situation nicht gewachsen, was zur Folge hat, daß wir uns zu sehr anpassen. Das geschieht oft mechanisch, unbewußt. Wir empfinden in einem ungewohnten Augenblick nur ein dumpfes Gefühl in der Magengegend.

Wenn Sie sich zuwenig zutrauen, entsteht bei Ihnen ein übertriebenes Absicherungsbedürfnis. Sie sichern sich in möglichst vielen Lebensbereichen ab, sei es in beruflichen, finanziellen oder privaten Belangen. Gehören auch Sie zu den Verplanten? Sichern Sie sich damit unbewußt gegen Leere ab? In dieser Leere könnte Bewußtsein über Ihre Lebenssituation aufkommen, die vielleicht mit Existenzangst verbunden wäre. Hinter diesem Absichern versteckt sich etwas Zweischneidiges: Einerseits vermittelt das Immer-beschäftigt-Sein Beruhigung, andererseits verdrängen Sie damit Angst vor der Konfrontation mit Ihren echten Lebenswünschen.

Mit dem Absichern versuchen wir Angst von uns abzuwenden, ohne uns zu fragen, was die Angst mit uns macht. Durch Verdrängen bleibt sie verdeckt und dominiert uns. Wir werden ihre *Gefangenen*.

Thema dieses Kapitels ist die Frage der »Vererbung« seelischer Störung. Ich habe den Entstehungsweg geschildert. Er führt von der Hauptrichtung Gewohnheit über den Nebenweg Absicherungsbedürfnis zu mangelndem Zutrauen, was die Bewältigung von Neuem betrifft. Der Weg, auf dem wir uns Beschwerden aneignen, ist komplex und steinig. Es braucht viel Geduld, ihn wieder auszuebnen.

Chancen und Gefahren psychosomatischer Symptome

Reagieren Sie hellhörig auf die Alarmsignale der Seele, die psychosomatischen Symptome? Stoßen Sie sich zunächst an ihnen, konsultieren dann aber doch den Arzt? Sind Sie beruhigt, wenn er Ihnen bestätigt, daß es »nur« die Nerven, daß »es« nur psychisch ist? Oder läuft es makaber ab: Sie würden lieber hören, daß Sie an einer körperlichen Krankheit leiden, weil Sie sich vom Arzt nicht ernst genommen fühlen?

Gefahr bedeuten diese Störungen dann, wenn sie zuwenig ernst genommen und ihnen dadurch zuwenig Beachtung geschenkt wird.

Hängt diese Schmerztoleranz damit zusammen, daß nur das existiert, was meßbar ausgedrückt werden kann? Sie sind stark erkältet, fühlen sich elend und gehen trotzdem arbeiten, weil Sie kein hohes Fieber haben. Was nicht in Zahlen angegeben werden kann, wird nicht respektiert. Eine Gelbsucht liefert meßbare Blutwerte, Magenkrämpfe als Folge eines Ärgers nur starke Schmerzen. Einerseits nehmen wir nicht Meßbares zu wenig ernst, andererseits überbewerten wir es, denn wir fühlen uns ihm ausgeliefert. Schlafstörungen sind ein typisches Beispiel dafür. Es wird zu Schlaf- oder Beruhigungsmitteln gegriffen, weil man sich nicht vorstellen kann, wie man an den seelischen Unruheherd herankommen könnte, der die Störung verursacht.

Eine weitere Gefahr ist deren Mißbrauch: Wie oft gibt Ihnen der Körper das Recht, ihn als Ausrede für etwas vorzuschieben, womit Sie sich nicht auseinandersetzen wollen, seien es Verabredungen, Arbeiten oder was auch immer? Migräne, Übelkeit, Infektionen, irgendwelche körperlichen Leiden sind legitime Argumente für Sie, etwas zu unterlassen. Sie täuschen sich und den andern etwas vor. Eine Verabredung absagen, weil sie in Ihnen Unbehagen weckt, ist nicht legitim; Absagen aufgrund körperlicher Leiden aber schon. Skrupellos können Sie mit letzterem argumentieren und Ihren Körper auf diese Weise mißbrauchen. Er sorgt für momentanen Seelenfrieden und bereitet gleichzeitig den kalten Krieg körperlicher Krankheit vor, denn viele organische Erkrankungen haben jahrelange psychosomatische Symptome als Vorläufer ...

Die *Chancen* psychosomatischer Beschwerden bestehen darin, daß der Körper so lange Symptome produziert, bis Sie sich endlich selbst Beachtung schenken. Meistens ist auch dies auf die Dauer der körperlichen Krankheit beschränkt. Im Augenblick der Todeskonfrontation hat der Infarktpatient die Einsicht, sich mit seiner krankmachenden Lebenssituation auseinandersetzen zu müssen. Kaum ist die akute Lebensgefahr überwunden, wird er auf die allgemeine Abteilung verlegt, wohin er sich Arbeit bringen läßt. Die Einsicht, daß er seinen Alltag ändern muß, gehört schon der Vergangenheit an ...

Die Chance der psychosomatischen Leiden besteht darin, daß nicht jeder, der sich vernachlässigt, sei es in seelischer oder in körperlicher Hinsicht, organisch krank werden muß, bevor er sich seiner selbst und seiner Lebensweise bewußter wird. Der gestreßte Manager, der nicht abschalten kann, vernachlässigt den Körper hinsichtlich Ernährung, Bewegung, Schlaf, die Seele hinsichtlich Zeit. Nikotin und Alkoholmißbrauch tun ein übriges dazu. Was vom Spüren und Fühlen her nicht selbstverständlich und natürlich ins Bewußtsein gelangt, wählt sich den Umweg über die Körpersprache: Das Herzstechen erinnert diesen Manager an ihn selbst.

Fremdbestimmung

Während meines Studiums hatte ich drei Praktiken in psychiatrischen Kliniken zu absolvieren.

Mein erstes verbrachte ich auf einer Abteilung für alte Leute. Eine meiner Aufgaben bestand darin, die alten Frauen zu beschäftigen. Einige Patientinnen durchwanderten ruhelos, innerlich getrieben die Abteilung, deren Türen verschlossen waren. Diese Ruhelosigkeit wurde dem Personal zu mühsam. Es leistete Abhilfe, indem die Wandlerinnen auf Stühle gesetzt und an diesen angebunden wurden. Beschäftigt wurden die Frauen damit, daß sie fünf Zentimeter breite Bänder aus Garn stricken durften. Es waren dieselben Bänder, die dazu dienten, sie an ihre Stühle zu fesseln.

Wie viele von uns stricken sich ihre Fesseln selbst? Auch dahinter steckt Resignation und mangelnde Bewußtheit über sich, sonst würden wir uns unsere Freiheit nicht rauben lassen.

Sie haben sich für eine Umschulung entschieden und erzählen Bekannten davon. »Wie kannst du dir das leisten?« »Überleg es dir aber gut.« »In deinem Alter?« Mit solchen Worten wird Ihnen entgegnet. Erschrecken Sie über Ihren Mut? Lassen Sie von Ihrem Vorhaben ab, oder vermindert es Ihnen Ihre Freude daran? Wir lassen uns zu leicht Freude von außen nehmen.

Wir besitzen eine Freiheit, die uns niemand nehmen kann, ausgenommen wir selbst: Freiheit des Denkens und Entscheidens, ganz unabhängig davon, welchen Hintergrund, welche Geschichte unsere Eltern hatten. Gewiß sind wir durch Erziehung geprägt, doch Prägung läßt sich löschen, wenn auch sehr, sehr mühevoll. Es setzt Bewußtwerdung über den Prägungsvorgang voraus. Dies ist schmerzvoll, aber befreiend. Bei einer Geburt sieht es aus, als stürbe die Mutter. In Wirklichkeit entsteht Leben.

Es gibt verschieden differenzierte und verschiedene Grade von Freiheit, die wir relativ betrachten müssen. Ich denke an die Berufswelt: Der Hilfsarbeiter eines riesigen Unternehmens würde mir entgegnen, daß er im

Vergleich zum Direktor keine Freiheit habe. Je größer eine Verantwortung, desto relativer ist auch die Freiheit. Ist der Direktor, der für Organisation und Umsatz verantwortlich ist, der Freiere, oder ist es der Arbeiter, der seine Tätigkeit nach 17 Uhr vergessen kann? Es sind *andere* Freiheiten. Solche Überlegungen können befreien, wenn Sie wieder einmal damit hadern, daß Sie stempeln müssen, oder wenn Sie sich unter Ihrer Verantwortung erdrückt fühlen.

Wann nehmen *wir* andern Freiheit? Ich gehe vom Satz aus: »Ich habe es nur gut gemeint.« Wer dies ausspricht, geht nur von sich aus, anstatt den Menschen zu spüren, der ihm gegenüber ist, dem er seine gute Meinung aufzwingt. Es steht nicht fest, daß der Empfänger des gut Gemeinten das Vermittelte auch als gut erlebt. Wenn der »Helfende« seine Vorstellung aufdrängt, wird er zum mißbrauchenden Mächtigen. Er eignet sich eine Macht an, der sich viel zu viele aus Unsicherheit, Resignation und mangelndem Bewußtsein über ihr Selbst beugen.

Verheerende Folgen mangelnden Zutrauens

Helen, eine erwachsene Frau, fühlt sich trostlos und verloren. Sie ruft ihre Mutter an und teilt ihr mit, wie schlecht sie sich fühle. Die Mutter holt sie zu sich und verwöhnt sie. Schön, denken Sie? Jein, denke ich. Zuwendung tut wohl, doch kann sie das Gefühl der Schutzlosigkeit und *Heimatlosigkeit,* das tiefer liegt als eine momentane Trostlosigkeit, *intensivieren.* Helen muß das Zutrauen in sich spüren, muß erleben, daß sie sich selbst hilft.

Die Geschichte von Damaris zeigt, welche Gefahr entstehen kann, wenn ein Mensch in einer kritischen Lebenssituation steckt und die Umgebung kein Zutrauen in ihn hat: Durch die Überängstlichkeit der Analytikerin resignierte sie und bat um Hospitalisation. Das Zutrauen des Klinikarztes hingegen hat sie gestärkt und ermutigt, in den Alltag zurückzukehren. Seine Reaktion: »Sie sind erwachsen. *Sie* müssen Verantwortung übernehmen« hat Damaris geholfen. Er ging auf das blinde Rotieren seiner Patientin nicht ein, indem er mitrotierte. Die kalte Dusche seiner Worte wirkte ernüchternd und bewirkte, daß Damaris wieder den Boden der Realität unter den Füßen spürte. Sie wurde endlich das sich schutzlos fühlende Kind in sich los. Sie blieb dieser schwachen Seite nicht ausgeliefert. Sie sah wieder klarer. Einem Menschen einen heilsamen Schock versetzen braucht viel Fingerspitzengefühl. Unachtsamkeit dabei kann einen schwer Depressiven auch in den Selbstmord treiben.

Hilfesuchende werden von der Umgebung oft entmündigt: Die Bewältigung des Alltags wird ihnen abgenommen anstatt zugetraut. Auf diese Weise stützen sich hilflos Fühlende vollends ab und erleben sich als lebensunfähig. Überdenken Sie zu einem Zeitpunkt, da Ihre Hilfe weder gesucht noch beansprucht wird, ob Ihr gewohntes Helfen auf *lange Sicht* wirklich Hilfe vermittelt.

Zutrauen in mich

Wie steht es um Ihr Zutrauen gegenüber sich selbst?

Wie zeigt es sich, wenn es fehlt, und wie ist es zu diesem Fehlen gekommen?

Dieses Manko an Zutrauen ist das Argument, wenn wir behaupten, daß schwierige Situationen nicht geändert werden können; es ist Resignation.

Wie kommt es zu fehlendem Zutrauen in der Kindheit? Als kleine Kinder erfahren wir dann Zuwendung und Lob, wenn wir den Erwartungen der Erwachsenen entsprechen. Die meisten Kinder werden dann geschätzt, wenn sie lieb, angepaßt, wunschlos sind. Je weniger sie ihre Bedürfnisse ausdrücken und je mehr sie ihre Sehnsüchte unterdrücken, desto mehr Lob und Anerkennung erhalten sie; sie sind brav. Es gibt Kinder, die zu sich nur hart sein können, was wiederum gut ist, denn es ist Beweis für Selbstdisziplin, wenn sie zu sich streng sind. Die eben geschilderte Logik von Gut und Böse findet eine Analogie im Selbstmord: Selbstmord wird weniger als Mord betrachtet als der Mord an einem andern. Ein Verzweifelter, der sich umbringt, denkt wahrscheinlich nicht an Mord. Er sieht in der Selbstzerstörung die einzige Möglichkeit, seinem unerträglichen Zustand ein Ende zu setzen.

Das Kind ist formbar wie Ton. Antwort auf Leistung und Überanpassung ist Wertgefühl. Das Kind wird dafür belohnt, wenn es seine Bedürfnisse und Sehnsüchte nicht zuläßt, so daß es Selbstwertgefühl mit Verzicht gleichsetzt. Zutrauen in eigenes Spüren wird in diesem Lebensstadium abgewürgt. Einfaches Beispiel sind Essensquantitäten wie auch die Wahl des Essens, die nach Gutdünken der Erwachsenen bestimmt und nicht nach dem Gespür des Kindes festgesetzt werden.

Können Sie von sich sagen: »Ich fühle mich angenommen, geliebt, geschätzt, erwünscht, wie immer ich bin, unabhängig von meinem Verhalten, unabhängig von Leistung, Erfolg und Verständnis für andere.«?

Können Sie aber vor allem sagen: »*Ich* stehe zu mir *selbst,* wie immer ich bin.«?

Ihre Reaktion auf Komplimente kann Ihnen die Antwort noch verdeutlichen: Werden Sie verlegen, wenn Sie jemand ohne ersichtlichen Grund, ohne Erklärung gut findet? Obwohl Ihnen Lob wohltut, wehren Sie es aus falscher Bescheidenheit ab? Sie selbst loben andere und wissen, daß es ihnen guttut, daß sie es brauchen …

Wo bleibt unsere Logik?

Sie besteht darin, daß wir nicht loben, wozu wir nicht stehen. Wenn wir nicht zu uns stehen können, steht uns – aus unserer Beurteilung – kein Lob zu.

Wer nicht zu sich stehen kann, kann auch nicht über der Sache stehen. Er verliert sich, weil ihm sowohl innere Ruhe und Nähe zu sich selbst als auch Distanz zu Problemen fehlt.

Nehmen Sie sich genügend Zeit für Ihr Spüren und Empfinden, oder unterdrücken Sie es? Durch Unterdrückung kann es dazu kommen, daß sich Ihre Seele zum Beispiel in Form von Herzbeschwerden zu Worte meldet. Damit ist sie zur starken, überwiegenden Seite geworden, gegen die keine Willensanstrengung mehr aufkommen kann. Das Überbewerten des Willensbereiches hat die Waagschale gesenkt; sie muß wieder in Balance gebracht werden. Depressives Zusammenbrechen ist eine natürliche Reaktion in die Mitte: Gefühle sind durch Intellekt und Willensanstrengung dermaßen gedrosselt worden, daß sie sich durch Depression eine Bahn geschlagen haben.

Das in der Kindheit gesäte Fehlen an Zutrauen wird im Erwachsenenalter in mangelndem Sichspüren und in Blindheit eigener Empfindung weitergelebt.

Im folgenden wird eine alltägliche Geschichte erzählt, wie sich Elisabeth im Ausnahmezustand *selbst* helfen konnte. Voraussetzung zu dieser Selbsthilfe ist *innere* Distanz zur Problemsituation, doch Nähe zu sich, d. h. die Fähigkeit, sich zu spüren. Zutrauen in eigene Kräfte ist nur über die Wahrnehmung des Selbst möglich.

Elisabeth ist von ihrem Mann verlassen worden. Über längere Zeit hat sie eine wachsende innere Distanzierung wahrgenommen und hat Ernst, ihren Mann, erfolglos darauf angesprochen. Sie hatte sich eine Auseinandersetzung erhofft. Ohne daß es zu dieser gekommen wäre, hat Ernst sie verlassen. Dies war der Anlaß, weshalb sie sich ihrer Situation ausgeliefert fühlte. Sie fand weder Anhaltspunkte noch eine Erklärung für den Verlust der Gefühle von Ernst. Sie empfand sich als Versagerin.

Im Zustand totaler Ratlosigkeit und Niedergeschlagenheit unternahm sie eine Bootsfahrt. Ihre Blicke glitten über das Wasser auf massive, archaische Bergzüge am gegenüberliegenden Ufer. Sie fühlte sich wie ein kleines Mädchen, dem man die Puppe weggenommen hatte. Sie realisierte, daß ihr Denken während der letzten Monate nur um Ernst gekreist war, daß sie spekuliert und interpretiert hatte, was in ihm vorgehe, und daß sie sich *selbst* verlassen hatte. Sie hatte nur den momentanen Zustand sehen können.

Beruhigt durch das Gleiten auf dem Wasser, stiegen in ihr Gedanken und Fragen auf: »Wie werde ich in zwei Jahren über diese Situation denken? Warum habe ich nur noch meinen Schmerz, die ganze übrige Außenwelt nicht mehr wahrgenommen? Was will mich dieses Erleben von Verlassenwerden und Liebesentzug lehren? Wer und was bin ich in Anbetracht dieser Naturgewalt?«

Es gelang Elisabeth zu akzeptieren, daß sie innere Distanz noch nicht haben konnte, sie trauern mußte, daß sie noch nicht verstehen konnte, wozu der eben erlittene Schicksalsschlag für sie gut sein sollte. Es gelang ihr, sich durch die Natur in Relation zu ihrem ganzen Leben zu setzen. Sie wurde nicht mehr vom momentanen Zustand beherrscht. Sie konnte sich durch nüchterne Überlegungen, was sie für sich tun könnte (Bootsfahrt), selbst helfen. Sie hat jedoch ihre natürliche Niedergeschlagenheit auf den Verlust hin nicht verdrängt. Sie hat sich nicht in das hineingebohrt, was sie entbehrte, sondern auf das konzentriert, was sie sich selbst an Zuwendung geben konnte. Schmerz und eigene Hilfe, beides wurde zur Wirklichkeit.

Die Überlegung, wie man über eine momentane verzweifelte Lage nach Jahren denken werde, kann in vielen Krisen helfen. Wem es gelingt, so zu denken, der hat Zutrauen in eigene Überlebenshilfe und Überlebenskraft gefunden.

4 Zufriedenheit statt momentaner Befriedigung

Sie gehen ins Kino, weil Sie sich einsam fühlen; gehen immer wieder hin und fühlen sich immer wieder einsam... und gehen wieder hin...

Wer resigniert, *be*friedigt seine momentanen Bedürfnisse. Er befaßt sich jedoch nicht mit Geborgenheit bietender *Zu*friedenheit in seiner Lebenssituation.

Was ist der Unterschied zwischen den Begriffen Zufriedenheit und Befriedigung?

Befriedigung ist ein *momentanes,* oberflächliches Stillen von Bedürfnissen. Der Zufriedenheit hingegen geht ein langer Bewußtwerdungsprozeß voraus. Es ist eine Auseinandersetzung, die auf *langer Sicht* basiert, nicht momentbezogen ist. Im Gegensatz dazu ist das Charakteristische an Befriedigung die Wichtigkeit des Augenblicks (Überbewertung?). Alltagssituationen, -zustände, Denken und Einstellung haben, wie im vorangehenden Buchteil beschrieben, mit Resignation und Befriedigung zu tun. *Fragen,* die der Inhalt dieses Teils sind, können Sie vor kurzlebiger Befriedigung warnen.

Lassen Sie mich den Unterschied von Befriedigung und Zufriedenheit am Einsamkeitsgefühl erklären: Sie fühlen sich einsam und nehmen an einem Abend an einem geselligen Anlaß teil. Es gelingt Ihnen, sich abzulenken und auf diese Weise Ihre Sehnsucht zu stillen. Fragen Sie sich hingegen, weshalb Sie einsam sind, können Sie eine Beziehung zu *sich und andern* finden. Daß die Leere des Alleinseins aufkommt, ist dann weniger wahrscheinlich. Sie fühlen sich bei sich selbst als auch mit andern Menschen geborgen. Gewiß ist das Hinterfragen unbequem, doch ermöglicht es, folgendes anzustreben:

– gesunden Egoismus
– Zutrauen in die eigene Flexibilität
– Abbauen von Verlassenheitsängsten
– Beziehungs- und Liebesfähigkeit
– Realisieren von Fähigkeiten
– innere Freiheit

Energie, die durch *Befriedigung* gefunden wird, *stagniert.* Wir können nicht auf sie zurückgreifen. Wenn ich keine Freizeit daheim verbringen (d. h. genießen) kann, weil ich mich in den eigenen vier Wänden (der eigenen Haut?) nicht wohl fühle, kann mich der Kinobesuch nur befriedigen.

Zufriedenheit fordert einen längern Weg und ist dadurch sowohl tiefer als auch *zeitlos.* Sie bedingt eigenes Handeln. An obigem Beispiel erläutert: Wenn ich die Empfindung für mich und mein Heim ändere, nachdem ich geklärt habe, warum ich mich daheim nicht daheim fühle, kann ich es so ändern, daß ich es immer wieder als Oase erlebe. Das Wissen darum bewirkt Geborgenheit und Wohlbehagen, innere Ruhe und Sicherheit – eben Zufriedenheit.

Veränderung:
Warum haben die einen den Elan dazu?

Dies ist eine der häufigsten Fragen, die ich mir selbst stelle, wenn ich mich mit menschlichen Problemen befasse.

Mit ihr steigt auch die Frage nach ausgleichender Gerechtigkeit auf. Es ist dieselbe Grenze, an die ich stoße, wenn ein junger Mensch plötzlich stirbt.

Warum?

Wollen wir im Augenblick der Betroffenheit den Sinn von etwas verstehen, was wir wegen mangelnder Zeitdistanz noch nicht begreifen können?

Ich habe ein eigentümliches Empfinden, was elementare Naturereignisse betrifft: Sie imponieren mir, weil sie uns immer wieder an die Grenzen unseres rationalen Denkens erinnern. Ich denke an ein Gewitter, durch welches das Stromnetz zusammenbricht, an Schneefall, der den Straßen- und Bahnverkehr lahmlegt. Wir werden durch Naturgewalten aus Höhenflügen zurückgeholt, auf welchen wir nicht merken, in welchen Allmachtsphantasien wir schwelgen. Verpflichtungen in Beruf und

Familie oder Aufgaben werden überbewertet, so daß wir unsere menschlichen Grenzen nicht mehr spüren. Wir stellen unrealistische Ansprüche an uns und überschreiten unsere Kompetenz. Auf diese Weise werden wir immer erschöpfter, der eine schneller, der andere über Jahre hinweg. Wir nehmen das, was wir für unsere Umgebung verkörpern, zu wichtig. Unsere Psyche hingegen übergehen wir. Wenn wir »Glück« haben, wehrt sie sich auf dem Weg psychosomatischer Störung, wenn wir Pech haben, rebelliert sie mit Krankheit. Wo bleibt bei chronischer Flucht oder Erschöpfung infolge Überforderung Elan zu Veränderung?

Halten Sie bei der Lektüre inne, und überlegen Sie sich am Beispiel eines durchschnittlichen *Wochentags,* wie oft Sie *sich* dabei *bewußt* wahrnehmen, wie Sie einen Menschen, den Sie lieben, wahrnehmen.

Sich selbst in seinen Grenzen täglich bewußt erleben, zum Beispiel mittels Entspannung, könnte dieser realitätsfremden Lebenshaltung entgegenwirken. Realitätsfremdheit besteht darin, daß ich *mich* ausschließe. In der innern und äußern Entspanntheit können wir realistische Ziele – nicht Luftschlösser – ins Auge fassen und verwirklichen.

Warum haben die einen den Elan zur Veränderung? Teils läßt sich die Frage durch den erwähnten Gewöhnungsprozeß, das *Sich*-nicht-Spüren, beantworten. Jene haben Energie, die *sich* nicht aus dem Auge verlieren. Sie läßt sich aber nur beschränkt vom Intellekt beantworten. Es existieren Kräfte in und um uns, die unergründlich bleiben. Ich denke dabei an Telepathie oder die Ausstrahlung von Menschen ...

Fähigkeiten: Wie viele sind mir gegeben?

Welche Wünsche haben Sie?
Was sind illusionäre Träumereien (Luftschlösser)?
Was können Sie realisieren?
Wozu sind Sie fähig?

Wir sind zu mehr fähig, als sich die meisten von uns zutrauen. Wir stecken uns Ziele manchmal so, daß wir von vornherein nicht an ihre Verwirklichung glauben. Wir sind in einen Teufelskreis geraten: Die gesteckten Ziele bedeuten uns so viel, daß wir uns die Verwirklichung nicht zutrauen, andererseits erleben wir sie als zu hoch, weil wir uns allgemein zuwenig zutrauen. Die Schlange beißt sich in den Schwanz. Wie aus diesem Kreis herauskommen?
Versuchen Sie für kurze Zeit auf Ziele zu verzichten. Lassen Sie die Stimmung Ihres momentanen Zustandes einmal ganz bewußt aufsteigen, ohne dabei an Ihre Zukunft zu denken. Entspannen Sie sich dazu, und trainieren Sie die Übung II des Kapitels »Wie wir uns, ohne es zu merken, Ängste aneignen«. So können Sie Ihr Zutrauen stärken, ohne sich dabei zu überlisten. Ihre Ziele, mit denen Sie sich später wieder befassen, werden *selbstverständlichere* Dimensionen erhalten. Der vorge-

schlagene Weg wäre einfach, wenn es nur mich allein gäbe, wenn ich nicht in einer Leistungsgesellschaft leben würde. Trifft es auch für Sie zu, daß Sie in Leistung kompensieren? Wurden auch Sie als Kind besonders geliebt, wenn Sie brav, angepaßt oder fleißig waren? Mit dem Erwachsenwerden wurde der Leistungsaspekt gewichtiger. Ohne Erfolg, Leistung usw. werden auch Sie unsicher, weil Sie sich mit weniger Leistung, weniger Erfolg entsprechend weniger geachtet fühlen. Dies hat zur Folge, daß wir uns oft das wünschen, was mit Anerkennung, mit der Genugtuung vollbrachter Leistung zusammenhängt. Ich stelle mir einen freien Tag vor: Eigentlich möchte ich spazierengehen, doch das Erledigen einer Arbeit verleiht mir die Befriedigung, etwas »Sinnvolles« getan zu haben. Ich lasse den Wunsch nach Spaziergang nicht aufkommen oder rede ihn mir aus.

Immer wieder erfahren wir, daß wir Leistung überbewerten. Je nachdem, wie sie ausfällt, fühlen wir uns in der eigenen Haut wohl oder schlecht. Wir versteifen uns dermaßen auf gute Leistung, daß wir scheitern müssen, weil die Ansprüche ganz einfach unrealistisch sind.

Sie haben aber auch das Gegenteil erlebt: Nachdem Sie sich lange auf das Lösen eines Problems fixiert haben, haben Sie es aus irgendeinem Grund vergessen, haben sich etwas völlig anderem zugewandt. Plötzlich fiel Ihnen die Lösung ein.

Versuchen Sie in einer schwierigen Situation, sie in Relation zu Ihrem ganzen Leben zu setzen und sich nicht an einer Norm zu orientieren.

Lassen Sie mich das Relativieren am Beispiel von Lampenfieber erläutern: Der Referent verliert sich in Panikstimmung, wenn er *alle* Hörer fesseln will. Wenn er sich überlegen würde, welchen Stellenwert seine Worte im Leben der einzelnen Zuhörer haben, müßte er sich eingestehen, daß er sich zu wichtig genommen hat.

Welches sind Voraussetzungen für das Entwickeln von Fähigkeiten?

- Klare und konkrete Vorstellungen über sich und seine Wünsche
- Geduld und Verständnis für sich selbst
- Durchhaltevermögen
- Relativierung des Zeitbegriffs
- Offenheit für die Meinung (Kritik und Impulse) der Außenwelt ohne Verlust der Selbständigkeit

Ein Weg, Fähigkeiten zu entwickeln, ist einfach zu beschreiben. Von Zeitaufwand habe ich nicht gesprochen. Wandlungen können Jahrzehnte beanspruchen.

Loslassen durch innere Distanz und Bereitschaft auf momentanen Verzicht lassen Fähigkeiten wachsen. Ich denke an Invalide, die Sport treiben, denke an »hoffnungslos« Kranke, die gesund geworden sind.

Freiheit: Wie und wann wird sie durch Gedanken vermittelt?

Gedanken sind frei.
Wann machen sie uns frei?

Sie kennen die Situation, in der Sie einen spontanen Einfall hatten, ihn aber aus Unsicherheit wieder verworfen haben. Sie reflektierten, handelten aufgrund rationaler Überlegung. Sie wurden unsicher beim Gedanken an die andern. Im nachhinein mußten Sie sich eingestehen, daß Ihre erste spontane Idee (Intuition) die richtige gewesen wäre.

Andererseits gibt es die Situation, in der Sie sich spontan in etwas Unangenehmes hineinmanövriert haben, was Sie im nachhinein bereuen. Überraschend wird Ihnen eine Verabredung vorgeschlagen. Sie sagen zu und spüren kurz danach, daß Sie sie eigentlich nicht wollen. *Diese* Spontaneität hat Sie unfrei gemacht. Sie haben die Verabredung aus falschem Pflichtgefühl zugesagt, weil Sie nicht verletzen wollten. (In Wirklichkeit verletzen wir mit dieser Unehrlichkeit mehr, als wenn wir jemanden im Augenblick durch Absage traurig machen.)

Wann hindern Gedanken? Wann machen sie frei? Laden Sie jemanden, den Sie lieben, ein und sind Sie durch seine Absage traurig, dann bewahrt Sie das Abwägen, was Ihnen eine Absage bedeutet, *bevor* Sie einladen, vor Enttäuschung. Solche Gedanken machen frei. Gedanken, die in Ehrlichkeit (Eingestehen, daß mich

Absage enttäuscht) gegenüber uns selber wurzeln, können nicht fehlschlagen. Sind Gedanken jedoch mit Erwartung an die Umgebung verknüpft, gehen wir das Risiko der Enttäuschung ein.

Hindern tun Gedanken dann, wenn sie mit Illusionen, falschem Wunschdenken, Anspruch an die Außenwelt gekoppelt sind. Durch vorheriges Überlegen, was Ihnen eine Absage bedeutet, haben Sie sich die Freiheit der Möglichkeit gegeben. Sie haben nichts gewonnen, wenn die Begegnung nicht stattfindet, haben sich aber auch nichts genommen (gute Stimmung, Vorfreude, weil Sie sich die Begegnung schon vorgestellt haben).

Wenn Gedanken auf intensiver Bewußtheit, innerer Sicherheit, Ruhe und Ausgewogenheit basieren, befreien sie. Solch selbständiges Denken verunmöglicht Fremdbestimmung; es ermöglicht jedoch, Zufriedenheit zu finden.

Vergänglichkeit: Nur ein schicksalhafter Prozeß?

»Nichts ist unveränderbar« ist Aussage dieses Buches.

Wie steht es mit dem Alterungsprozeß, einem Geschehen, das unvermeidbar und unaufhaltbar ist?

Wird Ihnen unbehaglich beim Gedanken ans Altwerden? Es sind Menschen im Alltag, auf der Straße, in der Straßenbahn oder im Bus, welche uns an die eigene Vergänglichkeit erinnern. Körperliche Gebrechlichkeit und die Tatsache, auf Hilfe angewiesen zu sein, lösen Gedanken aus wie: »So möchte ich nicht alt werden.« Auch geistiger Abbau erschreckt uns. Ich denke besonders an Dumpfheit und Apathie aufgrund der Lebenshaltung, denke an müde und freudlose Gesichter, bei deren Anblick ich mich frage, ob sie je einmal gestrahlt haben. Ich begegne aber auch alten Menschen, die mich beeindrucken, die für mich Abgeklärtheit, Weisheit, Güte und Weitsicht verkörpern. Wie viele sind unternehmungslustig in der Bahn anzutreffen, auch wenn sie gehbehindert sind. Ihr Herbst ist bestimmt von bunten, frohen Tagen, ganz im Gegensatz zu den andern, deren Herbst von Nebel, Düsterkeit und Kälte bestimmt ist. Es ist vor allem die allgemeine Lebenshaltung, weniger das Alter, das Ausstrahlung bewirkt.

Warum ist der eine Alte wie ein hoher, starker Baum, an dessen Stamm ich mich lehnen möchte, dessen Lebensweisheit anregend und beruhigend gleichzeitig sein kann? Ein anderer Alter ist stumpf und wirkt vorwurfsvoll.

Je älter der Mensch, desto mehr spiegeln sich in seiner Ausstrahlung die Spuren seiner bisherigen Lebenseinstellung und Lebensweise wider.

Wie können wir den Alterungsprozeß mitsteuern?

Was formt den weisen, ausgewogenen Lebenserfahrenen? Wer unbewußt lebt, wer sein Leben durch seine Umgebung, durch Gesellschaftsnormen, durch Prestigedenken bestimmen läßt, dessen Alter wird von außen mitbestimmt. Er ist geprägt von Jugend an.

Ich stelle mir einen Alltag vor, wie er häufig abläuft: René geht morgens mehr oder minder gut gelaunt zur Arbeit. Er begibt sich gedankenverloren an seine Tätigkeit. In seine Gedankenleere schleichen sich Phantasien über das bevorstehende Wochenende, obwohl erst Montag ist. Am Abend kehrt er abgekämpft, müde, unansprechbar bis gereizt nach Hause zurück, wo er sich als erstes hinter die Zeitung oder vor den Fernseher setzt. Margrit soll jetzt nichts von ihm wollen. Gleichzeitig drängt es René, etwas zu unternehmen, etwas, was man tut, denn er möchte dazugehören. Man hat auszugehen, Sport zu treiben oder was auch immer. Im Grunde genommen hat er nur ein Bedürfnis: keinem weiteren Druck mehr ausgesetzt zu sein, nicht mehr fremdbestimmt zu werden, zu sich zu kommen. Er realisiert dies nicht mehr, weil er unter Normenkonformität geknickt ist.

Das Wochenende und die Ferien werden auch zum Fiasko, weil die Angespanntheit andauert, weil René mit sich nichts anzufangen weiß. Er stolpert über die eigenen Füße, weil er auf Konsum angewiesen ist.

Warum das?

Wir müssen *uns kennen* und spüren, damit wir uns in der *Gesellschaft mit uns* angeregt und unternehmungslustig fühlen. Kennenlernen fordert Zeit. René gibt sich diese im Alltag nicht. Auf diese Weise läßt er sich wieder fremdbestimmen, genau das, was ihn an seinem Arbeitsalltag am meisten stört. Er verliert sich von Tag zu Tag mehr und wird dumpf...

Wenn es ihm gelingt, wieder zu sich zu kommen, wird

er seine Tätigkeit bewußt wählen und seine Freizeit unabhängig davon, was »in« ist, verbringen.

Es braucht Mut, den Weg allein zu gehen, denn in uns steckt ein Herdentrieb, ein Bedürfnis, im Strom der Allgemeinheit unterzutauchen, das den Schein von Geborgenheit vermittelt.

Das Alter ist der Spiegel gelebter Persönlichkeit.

Liebe?

Wir zwei, lieber Freund,
sind Sonne und Mond, sind Meer und Land,
unser Ziel ist es nicht,
ineinander überzugehen,
sondern einer im andern erkennen, respektieren lernen,
was er ist, einer des andern Gegenstück und Ergänzung.

Hermann Hesse, »Narziß und Goldmund«

Das Thema Liebe möchte ich mit Ihnen aus verschiedenen Perspektiven betrachten. Eine Form der Liebe ist *Bedingungslosigkeit,* wie sie nur in der Eltern-Kind-Beziehung gefunden werden kann und in Partnerschaften anzustreben ist. Weitere Aspekte sind Liebe zu einem Partner und deren Voraussetzung, nämlich gesunde Eigenliebe. Wir vergessen oft, daß es einen einzigen Menschen gibt, mit dem wir unser ganzes Leben teilen: uns selbst. Wir machen uns vor, wir könnten wohl andere, aber uns selbst nicht lieben. Wir tun für jemanden etwas und wissen gleichzeitig, daß wir für uns selbst nicht im entferntesten dazu bereit wären. Wie oft decken Sie für sich allein den Tisch oder kochen, wie Sie es tun würden, wenn jemand mit Ihnen wäre? Diesen Fehlschluß, andere lieben zu können, ohne sich selbst zu lieben, diesen Knoten möchte ich mit Ihnen entwirren.

Im Märchen »Die Schöne und das Tier« wird echte Liebe geschildert. Die Lehre und Weisheit des Märchens besteht darin, daß die Schöne das Tier *bedingungslos* akzeptiert, es dadurch eigene Freiheit gewinnt und damit das Beste aus sich selbst machen kann. Die Schöne beurteilt realistisch, wie es ist, und findet Gefallen an seinen positiven Eigenschaften. Sie hat kein Verlangen, das Ungeheuer zu ändern.

Beim Wort Liebe denke ich spontan an ein Gegenüber. In »Paare« bezeichnet Verena Kast die Liebe als etwas, das nach einer Verbindung strebe. Sie beschreibt Liebe als ein Gefühl, das Getrenntes lustvoll vereint und doch weiß, daß jeder einzeln bleiben muß. Wir müssen zuerst zu uns selbst eine gute Beziehung haben, bevor wir ein Du lieben können. Sicher kennen Sie folgende Situation: Sie sind allein daheim, sind unlustig, müde und stellen sich vor, wie sich diese oder jene Person Ihrer annehmen könnte. Auch sind Sie hungrig und möchten etwas Feines essen, aber es ist nichts im Hause. Sie mögen sich nichts holen oder allein essen gehen. Eigentlich hatten Sie auch im Sinne auszugehen, aber inzwischen hat es zu regnen begonnen, und Sie mögen nicht noch einmal hinausgehen. Wären Sie mit jemandem verabredet gewesen, würden Sie nicht auf die Idee kommen, aus Witterungsgründen daheim zu bleiben. Sie bleiben daheim sitzen oder gar liegen und hadern darüber, wie unerfreulich das Leben ist: »Ich rackere mich ab, kümmere mich um andere, bin von der Arbeit erschöpft, so daß mir in der Freizeit Energie und Unternehmungsgeist fehlen. Immer muß ich Initiativen ergreifen. Es könnte sich einer um mich bemühen. Es stinkt mir.«

Das Beispiel soll verdeutlichen, wie wir die Atmosphäre der Liebe zuerst in uns selbst schaffen müssen. Wir dürfen nicht darauf warten, bis uns jemand das gibt, was wir uns selbst nicht geben. So, wie wir im Körperlichen nicht gegessen, aber genährt, im Geistigen nicht geredet, aber gehört, so können wir im Seelischen nicht geliebt, aber erfreut werden.

Weshalb diese Spitzfindigkeit, fragen Sie sich?

Bleiben wir neben dem Essen sitzen und warten darauf, bis uns jemand nähre, werden wir verhungern. In der Liebe verhalten wir uns oft ebenso: Wir zerfließen in Selbstmitleid, weil uns niemand liebt oder jemand uns zuwenig liebt. Das andere Extrem, das letztlich zum gleichen Selbstmitleid führt, ist, wenn wir Liebe nach außen verströmen, ohne daran zu denken, mit uns selbst lieb zu sein. Als Folge davon werden wir so liebeshungrig, daß wir Zuwendung von außen erwarten.

Die Nahrung der Seele ist Lieben. Liebe ist ganz einfach Ausdruck. Ausdruck ist immer *aktiv,* darum können wir nicht »geliebt« werden. Eine Seele, die nicht lieben kann, verkümmert. Wenn Ihr Partner Ihnen seine Freude über den Schal zeigt, den Sie für ihn gestrickt, oder Ihre Partnerin Freude über Blumen, die Sie für sie gepflückt haben, motiviert Sie dies, Ihre Liebe auszudrücken. Wenn er Ihre Kochkunst nur kommentiert, wenn es ihm nicht schmeckt, oder sie mit griesgrämigem Gesicht zu Ihren Einladungen kommt, verlieren Sie die Freude daran, seine/ihre Vorlieben zu spüren und darauf einzugehen. Diese Resonanz ist auch Vitamin, elementare Nahrung für die Seele, aber gesunde Eigenliebe ist eine noch tieferliegende Wurzel.

Wo beginnt Partnerliebe?

Stellen Sie sich eine »übliche« Liebesbeziehung zwischen Petra und Martin vor. Eines Tages geht Martin und verläßt Petra. Der Grund dafür ist, daß Petra sich selbst durch die Beziehung verlassen hat. Sie hat sich so angepaßt, daß sie sich nicht mehr gespürt, sondern ausschließlich auf Martin konzentriert hat. Nach dem Beziehungsbruch steigt in Petra das Gefühl auf, versagt, im weitesten Sinne nicht genügt zu haben.

Einen Menschen lieben bedeutet, so auf ihn zuzugehen, daß sowohl er als auch ich mich entfalten kann. Die Horizonte müssen durch Verschmelzung doppelt so weit werden. Petra hat jedoch ihren Horizont (Interessen, Hobbies, Gewohnheiten) aufgegeben und dabei nicht realisiert, daß sie Martin damit überfordert hat, weil sie ihn einengte. Wäre sie sich treu geblieben, hätte sie Martin an ihren Interessen teilhaben lassen; durch Verschmelzung wäre Erweiterung entstanden. Martin bekommt durch sie Freude an Musik, sie durch ihn Freude am Sport. In der Liebe geht es um gegenseitige Ergänzung und nicht um das Efeu, das sich um einen Baum rankt.

Wie kann eine tragfähige Liebesbeziehung wachsen, und worin liegt eine wichtige Voraussetzung?

Sie lernen, auf die Unterdrückung von eigenen Bedürfnissen zu verzichten. Petra möchte mit Martin in ein Konzert gehen. Sie stellt sich vor, es interessiere ihn nicht. Weder spricht sie mit ihm darüber, noch geht sie allein hin. Es würgt sie innerlich, weil sie das Konzert verpaßt. Solche Situationen häufen sich und führen zu Stau. Petra wird zunehmend unzufriedener. Innerer Groll und Gefühlskälte entstehen. Martin nimmt wahr, weiß aber nicht, was sich abspielt. Petras Unzufriedenheit macht ihm die Beziehung zur Fessel …

Nicht mehr unterdrücken bedeutet nicht, sich rücksichtslos *durch-,* sondern sich *auseinanderzusetzen.*

Eine weitere wichtige Voraussetzung für Lieben ist das Schaffen einer liebenden Atmosphäre in sich selbst. Ich vergesse oft, daß ich mir selbst am nächsten bin. Die Atmosphäre, die ich in mir schaffe, wird auch zur Atmosphäre, die ich ausstrahle. Wenn ich mir auf die Nerven gehe, mit mir in schlechter Gesellschaft bin, suche ich bei einem Partner Zuflucht vor eigener Lieblosigkeit. Ich muß meine Ziele ernst nehmen, meine Interessen pflegen und meine Bedürfnisse stillen oder ihnen Ausdruck verleihen. Dafür bin nur ich verantwortlich.

Sollten diese Überlegungen in Ihnen unbehagliche Gefühle oder Fragen wecken wie: »Werde ich da nicht zu egoistisch oder zu narzißtisch?«, dann erinnern Sie sich an ein Bild aus der Natur: *Der* Obstbaum bringt viele Früchte hervor, dessen Wurzeln stark sind. *Ihr* Wurzelballen ist *ihre* Eigenverantwortung.

Eine weitere Wurzel der Liebe ist *Achtung*. Achtung darf ich nicht von außen erwarten, wenn ich sie mir selbst nicht geben kann. Sie ist jedoch absolute Voraussetzung für zwischenmenschliche Beziehungen überhaupt. Sie können Ihr Gesicht nicht ausstehen oder finden, Sie hätten sich unmöglich benommen. Sie könnten sich im Geiste die Zunge herausstrecken. Können Sie sich in einer solchen Stimmung vorstellen, daß der Mensch, den Sie lieben, Sie achten, schätzen und lieben kann? Gewiß, ich kann mich oder dich nicht immer, aber *für* immer lieben. Aus geschilderter Stimmung entsteht Unsicherheit, denn Sie sehen, daß alle andern Frauen attraktiver sind als Sie, daß alle Männer erfolgreicher sind als Sie. Aus dieser Unsicherheit beginnt Eifersucht zu keimen, denn die Männer/die Frauen werden Ihnen zum Rivalen/zur Rivalin ...

Wichtige Voraussetzungen für Liebesbeziehungen sind: Ausdruck von Bedürfnissen, Achtung vor sich und andern sowie Schaffen einer liebenden Atmosphäre in sich selbst.

Zum Thema Liebe und Eigenliebe ist diesem Kapitel eine Übung angefügt. Sie betrifft die Geborgenheit im Ich als Voraussetzung der Liebe zum Du.

Übung
»Meine Ruhe wird immer tiefer ...

Nehme ich mich an? ...
Kann ich durch Lieben mein Gesicht verlieren? ...
Kann ich mich abgrenzen? ...
Kann ich zu meinen echten Bedürfnissen stehen? ...
Was, wenn Grenzen und Barrieren fallen? ...
Habe ich Angst davor, zurückgewiesen zu werden? ...
Ich kann zu dir aufbrechen, wenn ich in mir geborgen
bin ...
Geborgenheit kommt aus mir selbst ...
Sie entsteht, wenn ich mich in meiner Haut wohl fühle ...
Wenn ich in mir selbst daheim bin, erlebe ich jene Geborgenheit, die Voraussetzung für jede Geborgenheit ist ...
Die Suche nach Geborgenheit außerhalb von mir führt
in den Irrgarten: Enttäuschung ...

Durch meine Geborgenheit kann ich dich sowohl umarmen als auch lassen ...«

Sicherheit: Ich mag mich

Sie fühlen sich schlecht. Haben Sie sich schon selbst
aufgerichtet, ohne Hilfe von außen, weder von Menschen noch durch eine Sucht, und sich danach allein so
gut gefühlt, wie Sie sich mit einem geliebten Menschen

fühlen? Nein?... Darum haben Sie Angst vor dem Alleinsein...

Schon mehrmals am selben Tag habe ich meine Kleidung gewechselt: Ich fühle mich in keiner wohl. Auch wenn ich mich in den exklusivsten Modeboutiquen der Bahnhofstraße einkleiden würde, ich könnte mich nicht besser fühlen. Ich kann mich in meiner Haut nicht ausstehen, gehe mir auf die Nerven, hadere mit mir, nörgle an mir herum. Ich bin unzufrieden.

Solche Erlebnisse kennen die meisten.

Wie lernen wir, uns auf so selbstverständliche Art anzunehmen, wie man einen Geliebten annimmt?

Muß man es von Grund auf lernen, oder ist es verlorengegangen?

Es gibt Menschen, die uns nicht seelenverwandt sind, denen wir nichts zu sagen haben. Wir können lernen, jeden zu lassen, wie er ist, ihn nicht ändern zu wollen. Mit dieser Einstellung ist es möglich, zu jedem höflich zu sein, ohne etwas Unehrliches vorzutäuschen. Wir können uns jedoch nicht zwingen, jeden zu lieben.

Wie steht es diesbezüglich um uns selbst?

Sobald wir geboren sind, sind wir äußeren Einflüssen und innerer Stimmung der Eltern ausgesetzt. Das Ureigene kann verändert und durch die Umwelteinflüsse anders geprägt werden. Das Kind ist auf die Erwachsenen angewiesen und darum abhängig. Die Umgebung, in der wir leben, formt uns. In den ersten Jahren werden Weichen gestellt. Dieser Entwicklungsvorgang ist mit einem Bild aus der Natur vergleichbar: Der Kern einer

Sonnenblume ist gesund. In ihm sind alle Anlagen vorhanden, um gesund zu gedeihen. Sein Wachstum ist jedoch von der Bodenbeschaffenheit, der Luft, Temperatur, Luftfeuchtigkeit und den Lichtverhältnissen abhängig. Wegen Umwelteinflüssen kann der Kern verkümmern. Diese Analogie ist von beschränkter Gültigkeit, denn was wir der Pflanze *voraus* haben, ist die *Gabe des Intellektes,* mit der wir uns gegen Verkümmerung aufgrund von Umwelteinflüssen wehren können.

Wenn ich mich in meiner Haut schlecht fühle, entdecke, daß meine Liebe zu mir nicht gesund ist, ich unzufrieden bin, muß ich herausfinden, woran es liegt, welche Bedingungen nicht stimmen, ob jene von außen oder innen oder beide.

- Kann ich schlecht für mich fordern?
- Bin ich zu egozentrisch, nehme mich zu wichtig?
- Nehme ich mir zuviel? (Halten Sie beim Lesen dieser Fragen inne.)

Wenn Sie diese Fragen geklärt haben, können Sie nach folgender Anleitung lernen, gesunde Liebe zu sich wieder zu finden. Sie ist durch Ihre Lebensgeschichte verschüttet, nicht ausgeblieben.

Einerseits müssen Sie an und in sich aufbauen, andererseits sich überlegen, vor welchen Außeneinflüssen Sie sich vermehrt schützen und welchen Sie sich vermehrt aussetzen sollten.

Wie können Sie lernen, sich »gut« zu finden, unabhängig davon, was Sie geleistet haben, und unabhängig davon, was Sie gesellschaftlich repräsentieren?

Jahrzehntelang leben wir nach irreführenden Grundsätzen, Moralvorstellungen und Normen. Unsere Eigenliebe ist das Ergebnis von Leistung, von »Gut«-Sein für die Umgebung in erster Linie, erst in zweiter Linie für uns selbst.

Eine Möglichkeit, sich bedingungslos annehmen zu lernen, ist in körperlicher Entspannung gegeben. Wer nicht zu sich stehen, sich nicht achten kann, der kann auch seinen Körper nicht lieben.

Der erste Schritt: Neues Erleben von sich selbst mittels bewußter Entspannung

Wählen Sie sich einen angenehmen Ort. Legen oder setzen Sie sich bequem hin. Sie lösen die Anspannung des Körpers, indem Sie sich auf alle Glieder einzeln konzentrieren und sie auf Lockerheit ansprechen. Wenn Sie Lockerheit im ganzen Körper erleben, lassen Sie Ihren Körper in diesem wohligen, kuschligen Zustand auf sich wirken. Parallel zu dieser Körperübung beobachten Sie im Alltag, wie Sie mit sich selbst umgehen. Achten Sie speziell auf Situationen wie Mißlingen oder Mißgeschick. Stellen Sie sich einen Tag vor, von dem Sie sagen, Sie seien mit dem linken Bein aus dem Bett gestiegen. Es ist Ihnen ein Mißgeschick passiert. Sie werden wütend auf sich, verspannen sich und lösen damit eine Kette von Mißgeschicken aus.

Der zweite Schritt: Wahrnehmen der Natur

Sie gehen auf einen Spaziergang in die unberührte Natur. Beim Gehen lockern Sie bewußt Ihren Körper. Sie beobachten alle Energien, denen Sie begegnen: Kraft des Wassers, der Berge, Bäume, des Windes, der Wärme der Sonne, des Lichtes, der vier Jahreszeiten.

Während der nächsten Entspannungsübung lassen Sie die Erinnerung an dieses Naturerleben wieder an sich vorbeiziehen. Sie öffnen sich für diese Energie aus der Natur, indem Sie sich als einen Teil von ihr erleben, so zum Beispiel das Wachstum eines alten Baumes, die Kraft des Wassers, das Steine höhlt, das Gefaltetwerden von Gebirgen.

Warum dieser Exkurs in die Natur, fragen Sie sich? In einer Notsituation haben wir die Mitte verloren. Wo ist diese zu suchen und zu finden?

Wenn wir jemanden ausgewogen, ausgeglichen und anziehend erleben, bezeichnen wir ihn als natürlich. Er ist erfrischend, weiß sich selbst zu helfen. Er steht *im* Leben und nicht aus falschen Ansprüchen an sich *darüber*. Die *Natürlichkeit* des Lebenskünstlers ist Mitte zwischen Gefühl und Intellekt, Offensein für innen und außen, aber nicht kritikloses Beeinflussenlassen.

Ich kehre zu Ihrer praktischen Übung zurück: Sich in Beziehung zur Natur setzen heißt sich nicht ins Zentrum rücken, den eigenen Nabel nicht zum Zentrum werden lassen, sondern sich im Universum eingebettet fühlen. Durch das Bewußtmachen von Naturgeschehen wie die Faltung von Gebirgen kann innere Distanz zur eigenen Problematik gefunden werden. Sie nehmen sich als Teil eines Ganzen wahr und laufen dadurch weniger Gefahr, in der eigenen Thematik, in Gedankenkreisen steckenzubleiben.

Dieses Relativieren gelingt uns dann nicht, wenn uns Selbstvertrauen fehlt. Aus mangelndem Vertrauen entsteht einerseits Angst, sich zu wichtig zu nehmen, andererseits, »es« nicht zu schaffen. Wir haben Angst vor Selbstmitleid, Angst, anstatt Mitte zu finden, uns ins Zentrum zu rücken, von einem Extrem ins andere zu fallen, von Tiefstapelei in Narzißmus zu verfallen. Wir haben als Kinder gelernt, wer sich erniedrige, werde erhöht. Wir wollen keine Pharisäer sein.

Parallel zur Entspannungsübung überlegen Sie sich, wie Sie auf einen geliebten Menschen reagieren, wenn ihm etwas mißlingt. Mit diesem Gedankengang versuchen Sie allmählich auch auf sich selber verständnisvoller einzugehen, sich Ihre Schattenseiten zu »verzeihen«. Wenn zwei das gleiche tun, dann ist es das gleiche ...

Der dritte Schritt: Sich rational als Teil der Natur erleben

Das Ziel ist, sich weniger wichtig zu nehmen. Mit dieser Sichtweise erhalten Sie innerlich *Distanz zu Problemen,* doch *Nähe zu sich selbst.* Zusätzlich zu dieser Vorstellung üben Sie, in Augenblicken, in denen es Ihnen schlechtgeht, nicht auf Zuwendung von außen zu warten, sondern sich selbst aufzurichten, zu erleben, daß Sie Ihr eigener Helfer und Beschützer sind.

Der vierte Schritt: Angenehmes Erleben von sich selbst in Alltagssituationen

Überlegen Sie sich, was Sie sich jetzt gerade selbst geben könnten, worüber Sie sich freuen würden. Bleiben Sie dabei realistisch. Verwöhnen Sie sich, wie Sie einen Geliebten verwöhnen würden. Vielleicht geht es »nur« darum, daß Sie an einem idyllischen Ort eine Tasse Kaffee trinken gehen, dies jedoch bewußt in der Gesellschaft *Ihrer selbst.* Zweck dieses Schrittes ist es, sich in der eigenen Haut wohl zu fühlen *ohne* Begleitung anderer. (Gehören Sie zu jenen, die lernen müssen, nein zu sagen, um sich einen Gefallen zu tun, anstatt ja zu sagen, um anderen einen Gefallen zu tun?)

Der fünfte Schritt: Inventur, bei der Sie sich ehrliche Fragen stellen

- Wer bin ich?
- Was will ich?
- Wann fühle ich mich wohl?
- Muß ich mich neu orientieren?
- In welchen Belangen möchte ich anders sein?
- Welche Ziele habe ich?
- Welchen Weg muß ich einschlagen, um sie zu erreichen?

Beantworten Sie sich diese Fragen schriftlich. Beantworten Sie, wenn Sie sich dazu hinsetzen, nicht mehr als eine Frage. Nehmen Sie sich Zeit (kann Monate bean-spruchen). Investieren Sie für Ihre Entwicklung ebenso viel, wie Sie für Ihren Partner oder wie Sie bei schwerer Krankheit investieren würden.

Wenn der Zustand erreicht ist, in dem Sie sagen kön-nen: »Ich bin gut, so wie und wer ich bin. Ich stehe zu mir, was immer auf mich zukommen mag«, dann haben Sie eine *Basis* für Heimat in sich selbst geschaffen. Sich annehmen heißt nicht etwa Schattenseiten gutheißen, sondern akzeptieren, daß sie »nur« Mensch sind.

Befürchten Sie nicht, sich in Selbstgefälligkeit zu ver-lieren, wenn Sie in obigem Sinne mit sich arbeiten. Eine Pflanze braucht Wurzeln, um wachstumsfördernde Nährstoffe aufnehmen zu können. Fehlen Ihnen diese Wurzeln, nämlich psychische Gesundheit und positives Empfinden für sich selbst, dann können Sie die Energie (Begeisterungsfähigkeit und Freude), die durch Aner-kennung und Zuneigung von außen vermittelt wird, zu-wenig aufnehmen.

Um Ihnen den Weg zum Ziel: »Ich mag mich, wie ich bin« zu erleichtern, empfehle ich Ihnen die beiden fol-genden Übungen. Machen Sie sie regelmäßig, zuerst die eine während Monaten, dann die andere. Ratsam ist es, sie in den Morgenstunden zu machen, bevor Sie sich unter Menschen begeben.

Übung I
Gesichtsvisualisierung: Stellen Sie sich das Gesicht eines geliebten Menschen vor. Was fühlen Sie dabei? …

Danach entspannen Sie sich gemäß den vorangehenden Übungen, jedoch im Sitzen. Ihre beiden ganzen Fußflächen stehen in etwas Abstand voneinander auf dem Boden. Die Knie sollen sich nicht berühren. Stellen Sie die Beine etwas auseinander, und legen Sie Ihre Hände locker auf die Oberschenkel. Halten Sie Ihren Rücken und Kopf aufrecht, und schließen Sie die Augen.

In diesem Zustand stellen Sie sich Ihr Gesicht vor, wie Sie zuvor das Gesicht eines geliebten Menschen visualisiert haben. Es geht nicht um ein fotografisches Bild, sondern um die seelische Beziehung. Lassen Sie Ihr Bild kommen, wie immer es sich einstellen mag. Korrigieren Sie nicht. Akzeptieren Sie es, wie immer es erscheinen mag.

Übung II

Bewußtmachen eigener Achtung: Entspannen Sie sich wieder auf dieselbe Art. Denken Sie an etwas, was Sie an sich mögen (zum Beispiel an einen Charakterzug, eine musische Begabung, eine berufliche Fähigkeit, etwas an Ihrer Erscheinung, eine für Sie typische Reaktion). Machen Sie es sich in einer Art bewußt, wie Sie es in der Verliebtheit jemandem sagen würden. Lassen Sie Ihre Wahrnehmung und die damit verbundenen positiven Gefühle einige Augenblicke auf sich wirken.

Mit der Empfindung, Ruhe bei und in sich selbst gefunden zu haben, beenden Sie die Übung.

Sollten Sie zu jenen gehören, denen es besonders

schwerfällt, positive Gedanken über sich zuzulassen, dann setzen Sie sich, bevor Sie sich auf diese beiden Übungen konzentrieren, mit Fragen auseinander, wie es zu Ihrer negativen Haltung sich selbst gegenüber gekommen ist. Möglichkeiten sind: Erziehung, vorgelebte Beispiele (Eltern, die sich selbst abgelehnt haben), falsche Moralvorstellungen bzw. falsche Bescheidenheit, schlechte Lebenserfahrungen usw.

Am Lebensquell?

Tosen wie am Atlantik dringt an mein Ohr. Erfrischende Gischt besprüht mein von der Sonne erwärmtes Gesicht.

Leise Wehmut beschlich mich, als ich in diesen Ferien keine großen Distanzen zurücklegen konnte. Ich dachte an Reisen in ferne Länder, dachte an die Anden und die Wüsten, die ich durchquert hatte …

Nie hätte ich mir träumen lassen, daß die örtliche Distanz klein, jedoch die innere zu meinem Alltag größer sein werde als je zuvor. Ich fühle mich hier mir nahe wie selten zuvor. Ich stelle mir vor, daß es an der Quelle des Lebens so sein muß: Ich sitze auf dem Balkon meines Hotelzimmers, zweieinhalb Stunden von meinem Arbeitsort entfernt. In meinem Haar spielt der Wind des Gießbachfalls, welcher auch das erwähnte Tosen verursacht. Zu meinen Füßen erstreckt sich rechts der leicht gekräuselte, türkisfarbene Brienzersee. Er ist flankiert von felsigen, unbewohnten, bewaldeten Bergen. Links von mir zwei Buchen, deren Mächtigkeit alle bisher gesehenen überragt. Über mir strahlt ein tiefblauer Hochsommerhimmel, und die Sonne der Hundstage sticht. Mir kann dieses Stechen nichts antun, denn wegen des stürzenden, kühlenden Wassers kann die Sonne mich nur anlachen.

Ich bin an den Abschlußarbeiten meines Manuskriptes. Ich habe darin von Dingen geschrieben, die mir eben jetzt wieder bestätigt werden, Dinge wie: »*Anders als vorgestellt*«, »sich in Beziehung zum Universum erleben«, »Umwege können sinnvoll sein«.

Die Vorstellung ist insofern anders, als ich mich hier den Natur- bzw. Urgewalten näher fühle, als ich es in unberührten Gegenden auf einer Weltreise erfahren habe. Ich bin überwältigt, sowohl was das Naturerleben als auch was meine Wohnsituation betrifft. Ich wohne in einem Barockpalast, dessen Existenz ich in dieser abgelegenen, archaischen, kargen Gegend, abgetrennt von der Zivilisation, nicht vermutet hätte. Ich fühle mich wie eine Dame des Adels aus dem 19. Jahrhundert: privilegiert. Bilder, wie ich sie hier erlebe, schwebten mir vor, wenn ich über Reisen aus früheren Zeiten las. (Dieses Privileg entschädigt mich für den Verzicht auf Reisen.)

Hier am Gießbach trifft etwas zusammen, was ich bis heute nur getrennt angetroffen habe: unberührte, gewaltige Natur und eindrücklich gelungenes Werk menschlicher Zivilisation und Entwicklung. Letzteres habe ich innerhalb oder in der Agglomeration von Großstädten gesehen, jedoch nie unmittelbar eingebettet in erhalten gebliebener Natur, zwischen rauhen Felsen und stürmisch brausendem Wasserfall.

Was die Beziehung zum Universum betrifft, so ist sie nur nachvollziehbar, wenn man selbst erlebt hat, welches Energiekonzentrat sich einem hier anbietet: die Kraft des stürzenden Wassers, die Faltung der Felsriesen, das Wachstum der Bäume, die Energie in Form von Reinheit der Luft und das Übertönen jeglicher Geräusche der Zivilisation durch das Tosen des Wassers.

Was den Umweg betrifft: Ist es wirklich nur Zufall, daß ich auf keiner weiten Reise bin, von welcher ich mir erholsamen Tapetenwechsel erhofft hatte? Mit großer Wahrscheinlichkeit hätte ich nach Kontakten gesucht, die es verunmöglicht hätten, meinen Alltag verblassen zu lassen. Ich hätte mich in Diskussionen auf Probleme eingelassen, anstatt loszulassen.

Ich bin voll, bin glücklich und dankbar für diese Fügung. Ich lasse die Natur in mich dringen, lasse sie ihr Spiel mit mir treiben. Solch differenzierte Zuwendung wie sie vermag mir kein Mensch zu geben: Am Morgen vergolden und streicheln die ersten über die Bergkuppen kletternden Sonnenstrahlen, am Abend die letzten der untergehenden Sonne meine Haut …

Am Gießbach, im Juli 1988

Anhang

Anleitung zu den Selbsthilfeübungen

Die Übungen dieses Buches können psychotherapeutische Gespräche nicht ersetzen, können sie aber unterstützen und richtungweisend sein. Sie können Vorarbeit für einen Bewußtwerdungsprozeß leisten.

Die Voraussetzung zur vorgeschlagenen Selbsthilfe ist, daß der Leser/die Leserin die Bereitschaft hat, sich *ehrlich* mit sich zu befassen, sich in seine/ihre Situation einzulassen, *nicht absolut* zu denken und *nicht* über sich zu *werten,* sondern nüchtern zu urteilen. Die Übungen sollen weder als »Schnellbleiche« mißverstanden noch als Überlistungstaktik mißbraucht werden, sondern Anstoß zur intensiven Auseinandersetzung mit sich sein. Sie basieren auf der Entspannungsmethode des autogenen Trainings.

Unsere Gesellschaft zeichnet sich durch eine Lebensweise aus, die zu Oberflächlichkeit, Pessimismus und Negativismus neigt. Sie weicht Konfrontationen und Auseinandersetzungen aus. Bewußtwerdung und Selbstverantwortung gehen vergessen. Beziehungslosigkeit zu sich äußert sich oft in Vernachlässigung von Körperbedürfnissen. Der Körper muß sich wie der Geist, der Intellekt und die Psyche einem Prestigedenken unterwerfen. Wir sind dermaßen engagiert und absorbiert, lassen uns auf Ablenkungsmanöver wie Normenkonformität ein, daß uns keine Zeit und keine Energie bleiben, um in uns hineinzuhorchen. Geborgenheit, Sicherheit, Persönlichkeit und Intuition gehen durch unsere unbewußte Lebensweise verloren.

Wenn Sie innerlich bereit und offen sind, neue Impulse aufzunehmen, dann vertiefen Sie sich in entspanntem Zustand in die Gedanken der verschiedenen Übungen. Wählen Sie sich dazu einen Raum, in welchem Sie sich besonders wohl fühlen, der für Sie eine persönliche Atmosphäre ausstrahlt. Sie müssen sicher sein, daß niemand unverhofft eintritt und das Telefon nicht klingelt. Das Licht sollte nicht grell (kein Neonlicht) und die Luft frisch sein.

In bequemer Kleidung legen Sie sich locker auf den Rücken. Ihre Füße fallen leicht auseinander, die Beine sollten weder angewinkelt noch gekreuzt sein. Die Arme liegen parallel zum Körper, in den Ellenbogen leicht angewinkelt. Das Gesicht ist so entspannt, daß die Zahnreihen zwei bis vier Millimeter Abstand haben. Runzeln Sie Ihre Stirne nicht. Schließen Sie die Augen, und konzentrieren Sie sich auf Ihre Atmung.

Atmen Sie zunächst bewußt langsam tief ein, ebenso

langsam und tief wieder aus. Versuchen Sie dann, Ihre Atmung geschehen zu lassen, nicht willentlich zu steuern.

Stellen Sie sich zur Erleichterung des Geschehenlassens ein rhythmisches Bild aus der Natur vor: das Kommen und Gehen der Wellen am Strand oder die graue, weite See. Ihr Blick schweift zum Horizont.

Lockern Sie Ihren Körper, wie wenn Sie im Sand am Strand liegen. Durch ihre Gelöstheit beginnen Ihre Blutgefäße sich zu dehnen. Ihr Kreislauf wird angeregt. Das Strömen des Blutes erleben Sie als angenehme Wärme. Wenn Sie dies spüren, wählen Sie sich Gedanken aus den verschiedenen Übungen, und wiederholen Sie sie öfters. Je nachdem, wie viele Gedanken Sie sich suggerieren, ist es hilfreich, wenn Sie mit dem Text eine Kassette besprechen. Wichtig ist, daß Sie durch *Ihre* Stimme Ruhe erleben. Befassen Sie sich mit einer einzelnen Thematik über Wochen hinweg regelmäßig.

Die Übung wird nach 15 bis 30 Minuten durch wiederholtes Tiefatmen und anschließendes Spannen der Arm- und Beinmuskulatur oder durch Räkeln wie nach dem Schlaf beendet.

Regelmäßiges Durchführen der Übungen und eine ruhige, verinnerlichte Atmosphäre sind für eine intensive, positiv bleibende Änderung vorausgesetzt.

Die Autorin

Gabriela Vetter, geb. 1953, studierte Psychologie und Psychopathologie in Zürich. Sie promovierte 1982 an der Universität Esssen, ist heute in ihrer eigenen Praxistätigkeit, erteilt Kurse in autogenem Training und unterrichtet Psychosomatik an einer Schwesternschule in München.

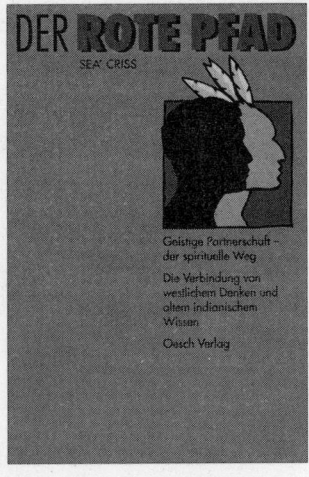

ANGSTFREI LEBEN

Shirley Trickett

**Angstzustände
und Panikattacken
erfolgreich
meistern**

Editon
Oesch

Band 67501

Shirley Trickett

Angstzustände und Panikattacken erfolgreich meistern

Angst und Depressionen sind die Zivilisationskrankheiten unserer Zeit. Es gibt immer mehr Menschen, die scheinbar grundlos unter Panikattacken und deren Symptomen wie Hyperventilation, Herzbeschwerden, Schweißausbrüchen, unkontrolliertem Zittern und Ohnmachtsanfällen leiden.
Die Ursachen der Angst sind vielfältig und Panikattacken ein Alarmsignal unseres Körpers, daß er Streß, bestimmte Lebensumstände, ungesunde Ernährung und den psychischen Druck, dem wir z. B. beruflich ausgesetzt sind, nicht mehr verkraften kann.
Shirley Trickett, Therapeutin und ehemals selbst Betroffene, zeigt Wege auf, wie eine dauerhafte Besserung oder vollständige Heilung zu erreichen ist. Wir müssen die Symptome ernst nehmen und die Ursachen unserer Angst erforschen, damit wir sie durch eine bewußtere, gelassenere und veränderte Lebensweise bekämpfen können.

BASTEI
LÜBBE